妇女扶贫问题研究

聂常虹 等 著

RESEARCH ON WOMEN'S POVERTY ALLEVIATION

中国农业出版社
北 京

本书著作人员

聂常虹　陈　彤　王焕刚　王　雷

后减贫时代的一抹曙光
（代序）

聂常虹研究员希望我为她的团队所合作的《妇女扶贫问题研究》专著作序，实在不敢担当，但又很想早日拿到书稿，以便先睹为快。盼了几日，终于收到书稿，在 2020 年新冠肺炎肆虐的日子里，我为聂常虹研究员团队的执着追求、静心钻研和非凡笔力所感动。她早年留学造就的国际视野，长时期在国家机关工作训练的战略思维和近十年来在中国科学院重要管理岗位历练形成的科学素养，跃然纸上，赋予了这本书以灵魂和力量。

新中国成立以来，中国共产党领导中国人民与贫困展开了艰苦卓绝的长期斗争，从救济式扶贫、开发式扶贫到精准扶贫，从解决温饱到消除绝对贫困，探索出一条符合中国国情的反贫困道路，取得了举世瞩目的成就。2020 年 11 月 23 日，随着贵州省最后 9 个贫困县宣布摘帽，全国所有贫困县尽数脱贫出列，中国现行标准下的 8 亿绝对贫困人口全部脱贫，区域性整体贫困基本得到解决，千百年来困扰中华民族的贫困问题至此成为历史。

2015 年，联合国颁布了《改变我们的世界——2030 年可持续发展议程》，提出的第一项目标就是，消除一切形式的贫困。今天，中国提前十年实现了这一目标，为世界上其他饱受贫困之苦的国家带来了曙光，中国的减贫实践，必将在未来帮助和促进更多的国家摆脱贫困。因此，全面总结中国经验，深入挖掘中国在减贫过程中的创新做法，形成一套可借鉴、易推广的减贫方案，既是回顾历史、提炼经济社会发展方法论的理论需要，更是展望未来、推动全球减贫事业继续前行的现实需要。长期以来，中国有一大批学者致力于减贫理论研究，包括对贫困发展阶段、贫困标准、贫困区域、贫困测度方法的界定与划分，因学、因病、因残、因地域、因风俗致贫等贫困形成机理的溯源，以及贫困动态识别、代际阻断、产业联动、收入分配、兜底保障等贫困治理机制的解构等，形成了众多优秀的成果。但遗憾的是，在研究过程中，大多数学者通常从案例出发，特别是将区域性整体贫困现象严重的老少边穷地区作为政策倾斜和研究聚焦的重点，尽管积累了许多典型的案例和有益的经验，但往往被提炼成为针对某一类区域贫困问题的一揽子政策包和理论库，虽然能够在当前解释和解决问题，可随着绝对贫困彻底消除、后减贫时代的到来，必将会显示出其力不从心。进入后减贫时代，中国的扶贫将转向缓解发展不平衡、不充分导致的相对贫困和多维贫困，这将不仅仅是一个经济问题，更是一个社会问题，需要我们有多学科的角度，特别是从人群、家庭和社会关系出发，去建立一个长效的反贫困系统和内生机制。这本书的工作，就为我们提供了一个很好的视角和路径。

妇女多维贫困，是中国实现全面小康、进入后减贫时代、解决相对贫困和多维贫困绕不开的一个问题。我们不得不承认，在大部分欠发达地区，由于"重男轻女"的传统性别观念和"男主外、女主内"传统家庭分工模式的长期存在，妇女往往成为贫困家庭的主要留守力量，大部分受教育程度低，不仅需要从事家庭经营，照料承包地，还要照顾老人、抚育子女，劳动强度高、精神负担重、生活压力大，很难有精力通过就业改善贫困。这本书系统地分析了妇女群体贫困发生的特殊现象，指出解决妇女贫困问题是实现妇女自由全面发展和建设幸福家庭的重要抓手。妇女贫困既包括物质资源贫困，也包括人文权利贫困，在精准扶贫政策的合力作用下，我国贫困妇女的生存性贫困得到了有效解决，但机会选择导致部分妇女在心理、社会权利和家庭等维度的贫困现象依然存在，这种机会选择来源于社会与家庭分工、心理与行为模式、资源分配、价值评价等方面的性别差异。这本书梳理了典型国家和地区以及部分国际组织在促进就业、反社会排斥、人力资本开发、构建社会安全网等方面的妇女扶贫经验，针对妇女贫困的多维度特征，运用贫困理论和社会性别平等理论，从经济、人力资本、心理、社会权利和家庭五个维度构建了妇女贫困分析框架。这本书还利用微观数据，对我国 2014 年至 2018 年妇女扶贫的整体效果以及不同地区妇女扶贫的效果进行了评价。评价结果显示，2014 年至 2018 年期间，受益于各类精准扶贫政策，我国农村贫困妇女在经济和人力资本维度的贫困程度已经大幅下降，但是其心理和社会权利维度的贫困现象仍亟待改善，消除妇女多维贫困的现象依旧是一项需要长期持续推进的系统性工程。在此基础上，这本书前瞻性地提出了未来减轻妇女相对贫困和多维贫困的远期目标建议，即：到 2035 年，完成妇女多维减贫长效机制设计，逐步建成多层次目标、多维度内容、多主体参与的社会安全网；到 2050 年，乡村妇女获得全面发展，性别平等基本实现。针对上述目标，这本书也提出了一系列实施建议，包括构建乡村相对贫困治理长效机制，依托乡村振兴战略为农村女性创造更包容的就业机会，增加育儿类、养老类服务供给，提高农村女性市场参与度，推动学术成果与相对贫困治理实践相结合等。以上这些，都是这本书的亮点，成为这本书对扶贫问题研究的理论贡献和推动扶贫事业发展的实践价值。

中国减贫事业是一篇宏大的史诗，后减贫时代将伴随着全面建设社会主义现代化国家的全过程，任重道远，前途光明。《妇女扶贫问题研究》一书立足于国内外妇女扶贫实践和理论研究现状，深入剖析中国妇女扶贫政策和典型案例，结合扶贫效果评价，前瞻性地提出了要构建包容、弹性和可持续的妇女多维扶贫制度体系等一系列建议，角度新颖，思路缜密，立意高远，内涵丰富，不仅对中国脱贫攻坚取得巨大成就作了新的注解，而且为后减贫时代消除相对贫困和多维贫困提供了有益的启示。

陈竹山

2020 年 11 月

习近平总书记在 2015 年全球妇女峰会上指出，没有妇女的解放和进步，就没有人类的解放和进步。然而，无论是在发达国家还是发展中国家，都有相当比例的妇女面临着不同程度和不同维度的贫困。据联合国妇女署和联合国开发计划署估计，2021 年将会有近 4. 35 亿妇女和女童生活在极端贫困中。性别不平等是导致妇女陷入贫困的重要原因之一，联合国发布的报告显示，在全球范围内，女性在劳动力市场的平均工资收入比男性低 24%；与男性相比，妇女更容易陷入失业状态；从局部地区看，在 39 个国家，女儿和儿子享有不平等的继承权，有 52 个国家尚未在宪法中保障男女平等；从贫困的后果看，贫困对妇女的影响更加显著，且更容易通过代际传递导致子代贫困。因此，妇女扶贫既是决胜脱贫攻坚的重要组成部分，也是推动妇女事业进步的必经之路，对于激发妇女潜能，增进妇女福祉，阻断贫困代际传递，加快人类文明进步具有至关重要的意义。

党的十八大以来，党和国家统筹国内城乡经济社会发展大局，从我国农村贫困治理实际出发，集各方之力、行非常之举，围绕精准扶贫和精准脱贫的精神内核出台了全方位、多层次的扶贫政策，以确保 2020 年农村贫困人口全部脱贫。其中，针对农村贫困妇女的"巾帼扶贫行动"等一系列政策举措，使得我国农村贫困妇女生活水平得到显著改善、社会公共服务可及性明显提高、经济贫困程度大幅下降，为实现自由和全面发展奠定了重要的物质基础。然而，妇女贫困不仅仅体现为经济资源的匮乏和公共服务的缺失，还包括心理层面和社会层面的众多难以观测的贫困现象，例如性别歧视、家庭事务负担过重等。随着我国脱贫攻坚的有效推进，到 2020 年底我国妇女的生存性贫困将有望得到有效解决，但要有效解决心理、家庭、社会权利等维度的妇女贫困问题，还有赖于构建妇女扶贫的长效机制、确立平等的性别意识、确保妇女依法享有生存权和发展权等系统性的政策安排。唯有如此，才能真正解放妇女生产力、激发妇女创造力，让妇女为我国经济高质量发展赋能，成为我国经济发展的新红利。

本书立足当下，着眼未来，在国内外学者研究的基础之上，基于贫困理论和社会性别平等理论融合的视角深入分析妇女贫困现象，对我国妇女贫困和妇女扶贫问题进行了系统性研究，并就构建包容、弹性和可持续的妇女扶贫制度体系进行了前瞻性设计。首先，本书认真梳理了贫困和社会性别研究领域的主流学术观点。从贫困的成因来看，收入匮乏是导致贫困的主要原因，而收入匮乏的原因则包括可行能力不足、易致贫的行为机制、社会排斥、贫困文化、经济发展落后、二次分配制度不健全等；基于贫困的表现及成因，学者们探讨了减贫的有效手段，既包括宏观层面的经济发展和制度建设，也包括微观层面的福利政策和赋能赋权；在社会性别平等方面，基于社会建构论，男女权利不平等是社会性别不平等的主要根源，而社会和家庭分工、资源分配以及价值评价方面的性别差异是男女权利不平等的成因，不但可能导致妇女多方面的权利或机会被剥夺，从长期来看也会造成性别比例失调，影响社会的繁荣和稳定。参考贫困和社会性别两个研究领域的学术成果，本书认为，妇女贫困现象具有以下三个特征：一是妇女贫困具有贫困的一般性特点，即经济资源匮乏，可行能力不足等；二是社会性别差异可能导致贫困妇女在社会生活中多项的权利或机会被剥夺；三是社会性别差异也会引起贫困妇女在家庭生活中处于弱势地位，如对家庭事务缺少决策权、家庭内部资源分配不均等。

他山之石，可以攻玉。结合现有研究成果，本书进一步梳理了以美国和欧盟国家为代表的发达国家、以巴西和孟加拉国为代表的发展中国家、以联合国和世界银行为代表的国际组织在妇女扶贫方面的经验做法，此外，为了解"一带一路"国家的妇女扶贫经验，本书还选取了巴基斯坦和智利作为研究样本进行挖掘和梳理。大体来看，国际妇女扶贫经验主要包括以下几方面内容：第一，国外和国际组织的反贫困实践主要在各项社会保障政策的指导下进行，大多通过项目制开展，注重储备相关数据以备评估之用，项目的管理和评估贯穿于事前、事中和事后，这使得项目开展不但有助于减轻妇女贫困，而且能为未来妇女扶贫政策的设计提供借鉴；第二，有条件的现金转移支付制度是国际上应用最广泛的一种妇女扶贫手段，受助对象只要达到工作出勤率、子女就学、健康体检等方面的条件，就能获得补助金；第三，国际妇女扶贫注重运用组合政策工具，不仅注重在教育、医疗、就业等方面形成政策合力，还在有关政策的执行过程中，设计了具有弹性的惩罚机制，利用反向激励的方式，带动贫困者参与相应的反贫困计划。当然，对世界主要国家和国际组织的工作经验，还需要辩证地看待、因地制宜地吸收。例如，对于惩罚机制是否能够真正发挥作用，学术界对此也尚未达成一致意见。有学者通过研究表明，参与贫困家庭临时救助项目（TANF）的美国贫困家庭因达不到相应的条件而被迫退出后，更易陷入深度贫困，摆脱贫困的难度也会大幅增加。

本书认为，贫困妇女脱贫的目的不仅在于脱贫本身，还是为了促进性别平等，推动贫困妇女实现自由而全面的发展，帮助她们能够平等地参与社会和家庭生活，拥有人生出彩的机会并为经济社会发展贡献才能。参考收入贫困、心理贫困、多维贫困、社会性别平等和妇女赋权等领域的研究成果，借鉴国际妇女扶贫经验，课题组从妇女自由而全面发展的视角出发，把可能存在的家庭层面、心理层面和社会权利层面的妇女致贫因素纳入考虑范围，搭建了妇女贫困分析框架，包括经济、人力资本、心理、社会权利和家庭五个维度。经济维度主要针对物质层面而言，包括收入/消费水平、市场参与程度两个子维度，其中收入/消费水平用以考察生活基本需要被满足的程度；市场参与程度是指妇女对劳动力、产品等不同类型市场的参与程度，用以考察妇女通过参与市场交易获取收入的能力。人力资本维度包括健康状况和受教育程度两个子维度，心理维度包括心理状态和价值取向两个子维度，主要反映贫困妇女的心理、情绪、自我价值感等内容。社会权利维度包括社会保障和法律权利保障两个子维度，用以考察在社会生活和家庭生活中，贫困妇女的法律和社会保障权利是否被剥夺。家庭维度包括家庭决策参与和家庭劳动负担两个子维度，用以考察贫困妇女面对家庭事务是否享有跟男性平等的决策权，以及贫困妇女是否存在家庭劳动负担过重的情况。

鉴于往事，有资于治道。新中国成立以来，党和国家在妇女扶贫方面的实践经验是世界反贫困历史的宝贵财富。本书全面梳理了我国妇女扶贫实践历程，回顾了新中国成立以来我国在妇女扶贫方面的主要做法。1949—1977 年，我国妇女扶贫以权利保障与制度变革为主要特征，例如新中国成立初期确定了男女平等的基本国策，将男女平等上升为国家意志，并颁布了多项保障妇女权益的法律条款；1978—2013 年，随着我国扶贫工作完成了从救济式扶贫向开发式扶贫的转变，妇女扶贫也进入综合开发阶段，包括贫困妇女在内的大量贫困人口受益于我国经济的快速发展以及各项针对贫困地区的专门性扶贫开发政策；2014 年以来，根据《中国农村扶贫开发纲要（2011—2020 年）》，以习近平总书记关于扶贫工作重要论述为指导，各部门密集出台了一系列扶贫政策，逐步形成了覆盖贫困户、贫困地区生产发展各领域的精准扶贫政策群，妇女扶贫也随之进入精准扶贫阶段，各地区各部门群策群力，为脱贫攻坚贡献才智和力量，涌现出了一系列妇女扶贫的创新做法。为深入了解不同地区妇女扶贫实践，本书选择内蒙古、甘肃、贵州和安徽 4 个省（自治区）作为样本地区，梳理了地方性妇女扶贫政策，选择妇女扶贫典型案例进行详细分析。通过案例分析，本书发现，上述 4 个地区的妇女扶贫实践具有因地制宜和需求导向的特点，在带动贫困妇女增收脱贫方面取得了显著成效。

可以看到，我国为帮扶贫困妇女开展了大量工作，无论是将"男女平等"确定为基本国策，制定颁发一系列保障妇女权益的法律法规，还是开展"巾帼扶贫""两癌"免费体检等多维扶贫行动，均有效推动了妇女赋权进程并改善了贫困妇女的生存状况。为进一步了解精准扶贫背景下妇女贫困现状及演变趋势，课题组利用北京大学中国社会科学调查中心发布的 2014—2018 年中国家庭追踪调查（China Family Panel Studies，简称 CFPS）数据，从经济、人力资本、心理、社会权利 4 个维度出发，综合评价了我国东部、中部、西部、东北和全国地区的妇女贫困状况，并根据评价结果分析了我国妇女贫困的主要问题和成因。研究表明，2014—2018 年，精准扶贫政策的实施使各地区农村贫困妇女多维贫困程度整体呈下降趋势，其中经济贫困程度和人力资本贫困程度大幅度下降，但是心理贫困程度和社会权利贫困程度整体呈现上升趋势。深入挖掘现状是为了更好地部署未来，课题组从前述研究结果出发，提出了到 2050 年我国妇女扶贫实践的阶段性规划目标，并对我国妇女扶贫政策体系进行前瞻性设计。

2020 年是全国贫困地区从脱贫走向振兴的关键节点。随着我国贫困人口不断减少，脱贫攻坚逐渐接近尾声。站在新的历史起点上，贫困治理的目标已经逐渐转变为"如何推动未脱贫人口稳定脱贫"和"如何保障已脱贫人口不返贫"，贫困治理的政策安排重点也转变为"如何使精准脱贫政策与乡村振兴有效衔接"和"如何建立相对贫困治理的长效机制"。随着经济社会的不断发展，从绝对水平来看，个人经济收入的不断增长是必然趋势；从相对标准来看，低收入人群会长期存在，即相对贫困会长期存在。"后扶贫时代"，我国减贫政策的关注点从绝对贫困转向相对贫困，从解决妇女经济方面的绝对贫困，向解决教育、医疗、社会权利、家庭等维度的相对贫困拓展，因此完全消除妇女多维视角下的相对贫困现象仍需构建系统性的政策体系。经过多次研究论证，本书建议，到 2050 年，对我国妇女扶贫的阶段性目标作如下设置：2020—2035 年，完成长效妇女减贫机制设计，逐步建成多层次目标、多维度内容、多主体参与的社会安全网；2036—2050 年，乡村妇女获得全面发展，性别平等基本实现。为了达成上述目标，课题组提出如下 6 点政策建议：一是密织社会安全网，建立多维视角下的乡村相对贫困治理长效机制；二是以乡村振兴战略为契机，为农村女性创造更包容的就业机会；三是增加育儿类、养老类服务供给，提高农村女性市场参与度；四是推动学术成果与相对贫困治理实践相结合，提升农村女性人力资本；五是强化培训力度，弥合"数字鸿沟"，建设包容性数字乡村；六是将性别平等内化为乡村社会行为规范，营造男女平权的良好氛围。

妇女是物质文明和精神文明的创造者，是建设和谐家庭的主人翁，是推动经济社会高质量发展的重要力量。贫困妇女是妇女群体的重要组成部分，针对贫困妇女的社会安全网亟待筑牢、人力资本亟待开发、聪明才智亟待释放。建设包容、弹性、可持续的妇女相对贫困治理政策体系，大力带动贫困妇女摆脱多维贫困，不但体现了社会主义的本质要求，也是践行党和国家对妇女事业作出的一系列战略部署。本书的研究及撰写工作由聂常虹、陈彤、王焕刚和王雷共同完成，四位作者为本书的研究及写作倾注了大量心血。期待本书的出版，能够为未来多维视角下的妇女相对贫困治理政策的制定提供些许参考，为贫困妇女摆脱相对贫困和多维贫困略尽绵薄之力。

最后，要特别感谢中国科学院设立扶贫课题，支持课题组开展妇女扶贫研究工作！感谢中国农业科学院原党组书记陈萌山研究员为本书作序，并为本书提出宝贵建议！感谢中国科学院科技促进发展局孙命副局长、中国科学院大学孙毅副教授、中国科学院地理科学与资源研究所刘晓洁副研究员为本书提出的宝贵建议！在此一并致以诚挚的谢意！

聂常虹

2020 年 10 月

目录

后减贫时代的一抹曙光(代序)
前言

第一章　研究背景与意义

妇女贫困现象广泛存在于世界各国，贫困妇女脱贫是打赢脱贫攻坚战不可或缺的重要组成部分，对构建幸福家庭、建设和谐社会、加速人类文明进步具有至关重要的意义。妇女扶贫既是对社会主义本质要求的贯彻落实，也是践行社会主义核心价值观和精准扶贫精神内核的重要体现。研究妇女扶贫问题首先要深入理解妇女贫困现象，妇女贫困存在多个维度，具有复杂性强和隐蔽性强等特征，表现形式不仅包括经济收入匮乏，还包括受教育程度低、健康状况差、易在社会生活和家庭生活中遭受性别歧视、精神状态不佳等。

长期以来，我国妇女扶贫实践主要在全国农村扶贫整体框架下进行，主要特点是以贫困家庭脱贫带动贫困妇女脱贫。随着扶贫开发的不断推进，大量贫困家庭摆脱贫困，贫困妇女的生活水平也得到了有效改善，1978 年至 2013 年，在现行贫困标准下，我国累计脱贫人数为 6.88 亿人，其中，接近半数为女性。2014 年 1 月，为全面落实以习近平同志为核心的党中央关于扶贫开发工作的一系列重要指示，中共中央办公厅、国务院办公厅印发了《关于创新机制扎实推进农村扶贫开发工作的意见》，完成了对精准扶贫的顶层设计，使精准扶贫思想落地并开始逐步惠及我国贫困地区和广大贫困人口。2014 年至 2020 年，围绕精准扶贫和精准脱贫的核心要求，各地区、各部门出台了全方位、多层次的扶贫政策，其中，以巾帼脱贫行动、建档立卡贫困家庭妇女乳腺癌和宫颈癌免费体检为代表的妇女扶贫政策开始陆续在各地区实施，此外，贫困妇女还同时受益于其他普适性扶贫政策，如以家庭为单位开展的订单农业、生产性资产转移（牛、羊、家禽等）等产业扶贫政策，慢性病送医配药服务、看病就医"一站式"服务等健康扶贫政策，建档立卡贫困家庭子女助学金发放等教育扶贫政策等。

追溯历史不难发现，我国妇女扶贫实践具有以下两个特点：一是对妇女扶贫的政策安排内容逐渐增多，最初以扶贫和妇女发展纲领性文件中的部分条款出现，进入精准扶贫阶段后，开始对妇女扶贫有了专门和更加具体的政策安排；二是妇女扶贫主要聚焦于经济、健康和教育三个维度，经济维度以增加个人或家庭收入为主，健康维度提供更低成本和更加便利的医疗服务为主，教育维度主要体现在对子女受教育的支持上。对于由社会性别不平等造成的妇女在心理维度、家庭维度和社会权利维度的贫困问题，当前扶贫政策鲜有涉及，上述维度的贫困现象不易被观测到，但却会对妇女的生存和发展造成极大负面影响，在损害妇女福祉的同时，也不利于妇女群体充分发挥自身才智，投身于实现中华民族伟大复兴的实践活动当中。

一方面，2020 年是我国脱贫攻坚与乡村振兴衔接的关键之年，到 2020 年底，我国贫困妇女的生存性贫困问题会随着脱贫攻坚战的胜利而得到有效解决，但是，要解决心理、家庭、社会权利等维度的妇女贫困问题，仍然迫切需要系统性的政策安排，构建可持续的妇女扶贫长效机制；另一方面，在新型冠状病毒性肺炎（以下简称"新冠肺炎"）疫情全球大流行的背景下，世界经济衰退，地缘政治局势不确定性加剧；与此同时，国内经济面临转型升级，正在逐步迈入高质量发展轨道。面临多重有利因素和不利因素交织并存的复杂局面，党中央适时提出了"国内国际双循环"的重大战略部署，以推动我国经济逐步实现高质量发展。值得高度重视的是，人力资本是我国实现高质量发展的关键变量之一，而释放性别红利无疑是提升我国人力资本的重要路径。妇女因性别差异所面临的在心理、家庭和社会权利等维度的贫困问题，是导致妇女人力资本无法得到有效提升的原因之一，消除因性别造成的妇女贫困现象，在社会生活各个领域融入性别平等意识，逐步在城市和乡村范围内营造男女平等的良好氛围，客观公正地对待性别差异是释放性别红利的关键所在。

在上述背景下，本书将就妇女扶贫问题开展深入系统的研究。首先，本书梳理了国内外学者关于妇女贫困的研究成果和国际妇女扶贫经验，并结合贫困理论和社会性别平等理论深入分析了妇女贫困现象，构建了包括经济、人力资本、心理、社会权利和家庭五个维度在内的妇女贫困分析框架；其次，本书梳理了我国妇女扶贫的实践历程以及精准扶贫体系下的妇女扶贫政策安排，并选择内蒙古自治区、甘肃省、贵州省和安徽省作为样本地区，进行妇女扶贫典型案例分析；第三，根据本书构建的妇女贫困分析框架，利用北京大学中国社会科学调查中心发布的中国家庭追踪调查（China Family Panel Studies，CFPS）个体层面和家庭层面数据，对我国2014年、2016年和2018年的妇女扶贫效果进行评价，并基于研究结果，对我国未来妇女扶贫政策体系进行前瞻性设计。

本书的研究工作具有以下意义：

第一，现实意义。一方面，本书的研究工作对提升贫困妇女的自我意识具有一定作用，本书认为，贫困妇女之所以在经济、人力资本、家庭、社会权利和心理维度存在贫困现象，除了客观因素外，主观方面缺乏自我意识和自我保护意识也是一个重要的原因，本书希望能够通过此项研究工作提升贫困妇女的自我意识，对社会和家庭生活中的歧视、侵权等运用法律武器保护自己；另一方面，本书为理解妇女贫困现象提供了一个新视角，即要将社会性别不平等与贫困结合起来看待妇女贫困问题，本书的研究工作有助于推动社会性别平等，进而为贫困妇女脱贫增添助力。

第二，政策意义。一是本书对2014年、2016年和2018年全国各地区妇女扶贫效果的评价结果能够为未来妇女扶贫等社会公共政策的制定提供参考。二是本书为未来妇女扶贫等社会公共政策的制定提供了一个新视角，即将随机对照试验方法运用于政策制定以提升政策的有效性。三是在以解决生存性贫困为重点的脱贫攻坚战收官之年，基于本书研究结果，对未来中国妇女扶贫政策体系进行了前瞻性设计，对未来政策的制定具有一定的参考作用。

第三，学术意义。目前学术界对妇女扶贫问题的系统性研究较少，本书能够在一定程度上填补此类研究的空白。本书将社会性别理论与贫困理论结合起来，在梳理国内外研究成果和国际妇女扶贫经验的基础上，构建了妇女贫困分析框架，基于CFPS微观层面数据，利用变异系数赋权方法构建妇女多维贫困指数，用以评价全国地区、东部地区、中部地区、西部地区和东北地区的妇女扶贫效果，研究结果显示了在精准扶贫政策群的合力作用下，2014年、2016年和2018年全国范围内及各地区的妇女多维贫困程度的变化情况，反映了全国及各地区的妇女扶贫实践对减轻妇女在经济、人力资本、心理、社会权利四个维度内贫困程度的具体效果。

第二章 国内外研究现状

虽然学术界关注贫困问题的时间已持续上百年,然而针对性地关注妇女贫困问题才半个多世纪,我国对贫困女性化的研究起步更晚。1978 年 Pearce 首次提出了贫困女性化的概念,贫困女性化指的是全球贫困人口中女性所占比例较高的现象[1],贫困人口男女比例失衡现象在全球范围内广泛存在。

第一节 妇女贫困的定义和特征

贫困女性化概念的提出逐渐引起学术界关注,学者们发现妇女贫困在世界范围内广泛存在。1998 年 Buvinic 总结了全球各地贫困妇女面临的困境,重点指出当前全球面临的贫困女性化问题,不管在发达国家还是发展中国家,妇女贫困主要体现为收入贫困[2]。Case 和 Deaton 通过对南非贫困地区的实地调研发现,女性群体比男性群体更容易遭受贫困危机,女性户主的家庭较男性户主及夫妻户主的家庭更易遭受贫困的困扰[3]。Goswami 和 Majumdar 通过对印度西孟加拉邦的穷人进行取样分析,分别对男性和女性进行评估,发现女性较男性更容易陷入贫困[4]。Atteraya 等对尼泊尔贫困妇女所遭受的家庭暴力进行调查研究,发现受教育程度较低、童婚的妇女更容易遭受家庭暴力,政府和非政府扶贫组织在帮助当地贫困妇女增加经济收入的同时,也应重视她们的人文贫困[5]。Boudet 等通过研究认为女性比男性更容易遭受贫困的困扰,离异女性再重新组成家庭更容易面临贫困问题[6]。

随着时代的进步,学术界对妇女贫困类型的认识也越来越全面。林志斌认为妇女贫困包括收入贫困、时间贫困和资产贫困[7]。除收入贫困和资产贫困外,王金玲等认为妇女还存在机会和社会资源的贫困[8]。贾慧咏[9]、姚云云和刘金良[10]指出妇女贫困不仅体现为物质方面的贫困，而且还存在严重的人文贫困现象。张赟基于多维贫困视角以贫困妇女和贫困儿童为样本进行实证分析，发现妇女贫困并不仅体现在收入低下，还体现在教育、健康医疗、社会融入、社会权利、基本生活保障等各个方面[11]。

国内外大量研究都已指出，解决妇女贫困问题是实现可持续脱贫的重要抓手。黄雯认为应充分认识到西部农村女性对西部地区长远发展的重要性，农村妇女不仅对整个家庭至关重要而且对整个农村的经济发展也具有不可替代的作用，农村妇女的素质提升对家庭及社会经济的发展具有积极的推动作用[12]。Dygert认为墨西哥重点针对贫困妇女的减贫方案获得了显著的效果，认为政府在制定减贫政策过程中应重点考虑贫困妇女这一关键群体，帮助贫困妇女脱贫对一个贫困家庭来讲具有重要意义[13]。2006年吴玲指出了当时我国贫困问题所体现的女性化发展趋势[14]，姜秀花[15]、赖力[16]、李卓和左停[17]认为国家现有的扶贫政策没有充分考虑性别问题，未来扶贫政策的制定应充分考虑性别平等因素，尤其要重视妇女在精准扶贫过程中所起到的关键性作用。

第二节　妇女贫困的代际传递

妇女扶贫之所以重要，一个主要原因是妇女贫困与贫困的代际传递有着密切关系。已有研究认为，解决妇女贫困问题是阻断贫困代际传递的关键，主要有两方面原因：

一是从健康角度出发，认为妇女贫困带来的营养健康问题是贫困代际传递的重要因素。朱玲调研发现，藏族贫困农牧妇女常常面临传染病、妇科疾病的威胁以及孕产期照料不足的问题，导致贫穷和疾病之间的恶性循环，引发贫穷的代际传递[18]。Aftab等的研究表明，贫困对怀孕期间的女性身心健康具有不良影响，进而会对孩子产生不良影响[19]。Colom通过对圣克里斯托巴尔德拉斯卡萨斯的土著贫困妇女进行调查研究，发现妇女贫困率与婴儿死亡率有直接关系，贫困妇女可能在怀孕期间不能享受到好的医疗保健待遇，进而加大了婴儿死亡的风险[20]。

二是从文化教育角度出发，认为贫困妇女的人文贫困影响家庭教育环境，导致贫困代际传递。王爱君和肖晓荣指出贫困具有代际传递的特点，影响贫困代际传递的家庭内部因素包括父母的素质及受教育程度、性别与营养条件等，贫困代际传递的外部因素包括文化背景与政策制度等，防止贫困代际传递的有效措施是消除妇女贫困，实现性别平等，实施有效的教育扶贫战略[21]。蔡生菊调研了部分贫困地区的农村，发现妇女在家庭生活中发挥着重要作用，是阻断贫困代际传递的关键[22]。杨清虎通过对贵州贫困地区的农村进行调研分析发现，农村贫困妇女特别是那些年龄较大的女性，受教育水平普遍较低，体现出文化贫困这一特点[23]。王天仪等认为良好的家庭教育环境对儿童的早期健康发展至关重要，是防止贫困代际传递的有效措施[24]。Santovec 认为帮助贫困妇女摆脱贫困是防止贫困代际传递的最有效方式，并对美国帮助贫困妇女摆脱贫困的先行计划和脱贫桥梁项目给予了高度肯定[25]。

第三节　妇女贫困的成因及减贫路径

学术界对妇女贫困的理论研究旨在探求引发妇女贫困现象的主要原因，并提出针对性的减贫方案。妇女贫困理论研究与贫困理论一脉相承，也经历了从最早的以经济收入为核心向社会分配制度、妇女权利以及妇女人力资本等维度发展，并在相应的理论基础上提出了有针对性的减贫对策。

早期对贫困的研究主要围绕经济收入展开。1902 年，英国学者 Rowntree 认为贫困是指总收入水平不足以获得仅仅维持身体正常功能所需的最低生活必需品，包括食物、住房、衣物及其他生活必需品[26]。在之后的研究中，学者们从经济学角度进一步探讨了贫困者收入水平低的原因，宏观层面的经济发展水平、地区自然资源禀赋、技术水平、社会保障水平、分配制度等，微观层面的个体受教育程度、健康水平、劳动力和产品与服务市场参与程度等均是影响贫困者收入水平的因素[27-29]。畅红琴通过研究发现我国农村已婚女性更容易被家庭劳务占据时间，一旦地区经济结构发生较大变化而带来更多的就业机会时，已婚女性受到边际影响更大，不容易适应新的工作，男性则很容易适应新的工作[30]。姑丽布斯坦·阿布都卡地尔研究发现一些贫困妇女由于受传统观念束缚，自主择业权受限，女性每天从事的不计报酬的家务劳动占据大量时间，无法自主择业和出去工作，同时女性受教育程度低进一步导致了女性的文化素质低，难以快速适应现代化发展进程，最终导致这些妇女缺乏收入来源[31]。

结合上述研究，部分学者认为提高经济收入是解决妇女贫困的关键。王保成以甘肃省中加合作小额信贷项目为例，研究了贫困妇女小额信贷对我国农村贫困妇女所产生的影响，该项研究表明，妇女小额信贷项目能够从多个方面帮助贫困妇女摆脱贫困[32]。Mpakaniye 在卢旺达贫困地区进行实地调研发现，贫困妇女小额信贷项目给想自主创业又苦于无启动资金的贫困妇女带来了希望和机会[33]。Akmam 和 Islam 在孟加拉国的贫困地区进行实地调研发现，非政府扶贫组织专门为贫困妇女设计的小额信贷项目极大改善了贫困地区基本生活状况，但其创收效果并不显著[34]。聂常虹和王雷认为应通过推行针对贫困妇女的工作福利制度，提高受助者工作意愿以帮助贫困妇女脱贫[35]。

以社会分配制度为核心的扶贫理论认为，市场经济下的一次收入分配追求效率优先、资源优先，可能造成贫富差距的扩大[36-37]，而解决妇女贫困的方法之一是在收入再分配制度中向妇女倾斜。Hübgen 和 Sabine 比较了 25 个欧洲国家的贫困现状，发现单亲母亲所面临的贫困风险相对较高，认为劳动力市场中的制度安排和现有性别不平等所形成的福利政策对单亲母亲的贫困风险有很大影响[38]。程漱兰和陈焱认为全面的反贫困战略，不仅需要提高收入、改善收入分配，而且需要为穷人提供综合的安全保障措施来化解各类风险，克服穷人的脆弱性[39]。Fodor 和 Horn 通过选取 2008 年收入和生活状况调查所得数据进行统计分析，发现养老金和家庭政策支出水平的提高与妇女相对贫困程度的降低有关[40]。倪国锋指出了当前我国减贫税制存在的诸多问题，建议政府在贫困地区基础设施投融资、专业合作组织发展、社会保障以及创新创业等方面优化农村减贫税收制度[41]。丁少群和苏瑞珍则建议通过推进偿付公平，改善医疗保险纵向收入再分配的"亲贫"效应，从而增强农村医疗保险的减贫效应，同时加大医疗救助对低收入群体的补偿力度，以纠正农村医疗保险的逆向再分配现象[42]。

社会分配制度相关的扶贫理论主要关注宏观层面，随着时代的发展，学者对贫困的认识深入到了微观主体，发展出以权利为核心的贫困理论。该理论认为贫困者之所以贫困是因为他们没有平等参与政治、经济、社会和文化活动的权利，其理论基础来源于 Sen 的权利贫困理论和赋权理论（Empowerment Theory)[43]，该理论认为妇女贫困的主要原因是妇女在获得经济资源、教育机会等方面权利匮乏，而解决妇女贫困的关键在于为妇女赋权，Narayan 指出赋权不仅要增加贫困者的资产，还要提升他们的能力，以使其能够参与跟个人生活息息相关的组织活动，并且在活动中拥有话语权[44]。East 研究发现赋予贫困妇女权利后可以帮助贫困妇女抵抗贫穷、创伤和多重结构性压迫，最终从根本上摆脱贫困[45]。Bank 强调未来更应重点关注两性平等，实现两性平等是彻底消除贫困的核心要素，只有实现男女机会、资源和选择的分配平等，才能促进女性为家庭、社会和国家做出贡献[46]。李芝兰发现在我国农村贫困地区存在女性贫困程度高于男性的现象，在扶贫过程中应更加关注贫困妇女群体，为女性赋权，消除性别差异，推行以社会性别平等为目标的扶贫项目，最终让广大农村贫困妇女彻底走出贫困[47]。柴雪指出我国少数民族地区妇女普遍存在经济地位低、受教育程度低、社会资本少等现象，帮助少数民族地区妇女摆脱贫困，需通过建构性别平等的社会文化来改善妇女地位、鼓励贫困妇女自立自强[48]。陈银娥等研究发现可以通过小额信贷和保险服务增进女性权能，加强女性对资源的控制能力，同时借助参与式扶贫项目，自下而上增加女性的能动性和可行能力[49]。

在赋权理论的基础上，以人力资本为核心的扶贫理论更强调帮助贫困者提高自身的能力和积极意识，即"扶贫先扶志"和"扶贫先扶智"。在思想意识方面，部分学者认为应打破传统思想对妇女的禁锢，帮助妇女树立自立自强的思想意识，引导形成男女平等的社会环境。叶普万和贾慧咏指出贫困妇女只有使自己足够强大、自己有能力创造财富，才能彻底摆脱物质贫困和精神贫困[50]。袁兰指出农村妇女贫困问题较为突出，要想彻底消除妇女贫困问题，需要各界的共同努力，最主要的是实现贫困妇女本身的独立自强[51]。闫坤认为当前我国在精准扶贫阶段应引入性别因素[52]。高苏微等从社会性别和人力资本视角研究了我国农村地区妇女贫困问题，认为我国贫困妇女虽已受到广泛的重视，但由于受到几千年来传统思想的禁锢，我国一些贫困地区的女性仍处在不平等的境遇中，并认为只有贫困妇女改变自身的意识，努力自强，依靠自己的勤劳智慧去掌握生存的技能，才能从根本上摆脱贫困[53]。在文化教育方面，部分学者认为教育资源不足、技能培训不够是导致妇女贫困的重要原因，应着重提高贫困妇女的受教育水平和工作技能。张爽指出我国农村贫困妇女大多年龄偏大，且多数受教育水平低、身体状况比较差，更容易陷入贫困[54]。田飞丽通过研究表明增加农村教育支出能够使贫困群体受益[55]。

第四节　本章小结

本章梳理了国内外学者对妇女贫困问题的研究现状，从妇女贫困的定义和特征、妇女贫困的代际传递和妇女贫困的成因及减贫路径等方面进行文献梳理。现有研究表明，妇女贫困是在世界范围内普遍存在的现象，不仅包括收入贫困，还包括权利贫困、能力贫困等。代际传递是妇女贫困的主要特点，即母亲的贫困更容易引起子代的贫困。导致妇女贫困的原因较多，从宏观层面来看，经济发展水平、地区资源禀赋、制度建设、社会性别因素均是妇女贫困的影响因素；从微观层面来看，受教育水平、健康状况、主观能动性等对妇女贫困具有重要影响。基于妇女贫困成因的研究结论，学者们探讨了妇女扶贫的主要路径，包括为妇女赋权、改进二次分配制度、增加贫困地区教育支出、引导贫困妇女建立自立自强的心态等。

参考文献

[1] Pearce D. The feminization of poverty：Women，work and welfare [J]. Urban and social change review，1978，11 (1 - 2)：28 - 36.

[2] Buvinic M. Women in Poverty：A New Global Underclass [C]. Foreign Policy，1998.

[3] Case A，Deaton A. Consumption，health，gender，and poverty [R]. The World Bank，2003.

[4] Goswami R，Majumdar S. Construction of gender sensitive poverty line based on local perception：Evidence from Habra - Ⅱ Block of West Bengal state in India [J]. The Social Science Journal，2017，54 (1)：76 - 92.

[5] Atteraya M S，Murugan V，Pandey S. Intersection of caste/ethnic affiliation and poverty among married women in intimate partner violence：The case of Nepal [J]. Global social welfare，2017，4 (2)：81 - 90.

[6] Boudet A M M，Buitrago P，de la Briere B L，et al. Gender differences in poverty and household composition through the life - cycle：A global perspective [R]. The World Bank，2018.

[7] 林志斌. 中国妇女与反贫困的回顾与展望 [J]. 妇女研究论丛，2005，14 (4)：37 - 41.

[8] 王金玲，侯国风，赵群，等．社会性别视角下的贫困与反贫困——GAD 网络 2007 年年会综述 [J]．妇女研究论丛，2007，17（6）：62-64.

[9] 贾慧咏．我国农村妇女贫困问题研究 [D]．西安：陕西师范大学，2011.

[10] 姚云云，刘金良，东波．女性人文贫困的性别盲视及反贫路径——基于社会性别视角 [J]．西北工业大学学报（社会科学版），2012，32（1）：5-9+17.

[11] 张赟．多维视角下的贫困群体的实证分析——以贫困儿童和流动妇女 [J]．经济问题，2018，40（6）：64-69.

[12] 黄雯．西部农村女性人力资源开发研究 [D]．咸阳：西北农林科技大学，2008.

[13] Holly Dygert. The fight against poverty and the gendered remaking of community in Mexico: New patriarchal collusions and gender solidarities [J]. Polar Political & Legal Anthropology Review, 2017, 40（1）.

[14] 吴玲．中国城市女性贫困问题及对策研究 [D]．南京：河海大学，2006.

[15] 姜秀花．中国妇女反贫困事业的进展与挑战 [N]．中国妇女报，2016-03-08（B01）.

[16] 赖力．精准扶贫与妇女反贫困：政策实践及其困境——基于贵州省的分析 [J]．华中农业大学学报（社会科学版），2017，37（6）：20-26+148-149.

[17] 李卓，左停．深度贫困地区妇女反贫困的逻辑路径探析——基于社会性别视角的分析 [J]．山西农业大学学报（社会科学版），2018，17（9）：1-5+17.

[18] 朱玲．青、甘、滇藏区农牧妇女健康问题的调查 [J]．管理世界，2010，26（10）：59-74.

[19] Aftab S, Ara J, Kazi S, et al. Effects of poverty on pregnant women [J]. Pakistan Journal of Medical Research, 2012, 51（1）：5.

[20] Colom A, Colom M. Poverty, Local Perceptions, and Access to Services: Understanding Obstetric Choices for Rural and Indigenous Women in Guatemala in the Twenty-First Century [R]. Maternal Death and Pregnancy-Related Morbidity Among Indigenous Women of Mexico and Central America. 2018.

[21] 王爱君，肖晓荣．家庭贫困与增长：基于代际传递的视角 [J]．中南财经政法大学学报，2009，62（4）：24-29.

[22] 蔡生菊．精准扶贫视角下对农村妇女贫困问题的审视与思考 [J]．社科纵横，2016，31（12）：81-84.

[23] 杨清虎．边远地区农村妇女文化扶贫的路径探析——以贵州为例 [J]．中共济南市委党

校学报，2017，34（6）：70 - 74.

[24] 王天仪，罗仁福，张林秀，等 . 贫困农村家庭养育质量与儿童早期发展 [J]. 学前教育研究，2018，32（7）：13 - 25.

[25] Santovec M L. Structured Support Moves Women from Poverty to Success [J]. Women in Higher Education 2011，20（3）：26 - 27.

[26] Rowntree，Benjamim Seebohm. Poverty：a study of town life [M]. London：Macmillan，1902.

[27] 张锦华 . 教育不平等、收入非平衡与贫困陷阱——对农村教育和农民收入的考察 [J]. 经济经纬，2007，24（6）：107 - 110.

[28] 森任赜，于真 . 以自由看待发展 [M]. 北京：中国人民大学出版社，2012.

[29] 朱方明，李敬 . 中心市场偏离度、交易参与度与贫困程度 [J]. 四川大学学报（哲学社会科学版），2020，66（1）：43 - 54.

[30] 畅红琴 . 中国农村地区时间贫困的性别差异研究 [J]. 山西财经大学学报，2010，32（2）：9 - 14.

[31] 姑丽布斯坦·阿布都卡地尔 . 农村妇女贫困原因及其脱贫路径探析——以 S 县 Y 村为例 [J]. 山西农经，2020，38（1）：32 - 33.

[32] 王保成 . 扶贫小额信贷对农村贫困妇女的影响 [D]. 北京：中国农业大学，2005.

[33] Mpakaniye J P. The Contribution of Microcredit Advanced to Women on Poverty Reduction in Rural Area of Rwanda [EB/OL]. [2020 - 09 - 13]. https://papers. ssrn. com/sol3/papers. cfm？abstract _ id＝2811980.

[34] Akmam W，Islam M F. Nongovernment Organizations' Contributions to Poverty Reduction and Empowerment of Women through Microcredit：Case of a Village in Gaibandha District，Bangladesh [M] // Socioeconomic Environmental Policies and Evaluations in Regional Science. Springer：Singapore. 2017.

[35] 聂常虹，王雷 . 我国贫困妇女脱贫问题政策研究 [J]. 中国科学院院刊，2019，34（1）：51 - 59.

[36] 马克思 . 资本论（全 3 册）[M]. 上海：上海三联出版社，2009.

[37] 马旭东，史岩 . 福利经济学：缘起、发展与解构 [J]. 经济问题，2018（2）：9 - 16.

[38] Hübgen，Sabine. Only a Husband Away from Poverty？Lone Mothers Poverty Risks in a European Comparison [EB/OL]. [2020 - 04 - 09]. http://library. oapen. org/bitstream/handle/20. 500. 12657/27772/1002233. pdf？sequence＝1♯page＝175.

[39] 程漱兰，陈焱．与贫困作斗争：机遇、赋权和安全保障——《2000/2001年世界发展报告》评介 [J]．管理世界，2001，17（6）：210－212.

[40] Fodor Eva, Horn Daniel. "Economic development" and gender equality: explaining variations in the gender poverty gap after socialism [J]. Iehas Discussion Papers, 2015, 62 (2): 286－308.

[41] 倪国锋．我国农村减贫税收制度优化研究 [J]．经济研究参考，2018，40（61）：47－52.

[42] 丁少群，苏瑞珍．我国农村医疗保险体系减贫效应的实现路径及政策效果研究——基于收入再分配实现机制视角 [J]．保险研究，2019，40（10）：114－127.

[43] 孙俊楠．阿玛蒂亚·森的权利贫困理论研究 [D]．济南：山东大学，2018.

[44] Narayan D. Measuring Empowerment: Cross Disciplinary Perspectives [M]. World Bank Publications, 2005.

[45] East S J R J F. Women, Poverty, and Trauma: An Empowerment Practice Approach [J]. 2015, 60 (4): 279.

[46] Bank T W. World Bank Group gender strategy (FY16－23): gender equality, poverty reduction and inclusive growth [R]. Washington D, 2017.

[47] 李芝兰．我国农村贫困问题中的女性视角——农村妇女更贫困吗？ [J]．开发研究，2007，23（6）：68－71.

[48] 柴雪．社会资本与少数民族妇女贫困问题——以新疆少数民族地区为例 [J]．法制与社会，2016，25（21）：175－176.

[49] 陈银娥，苏志庆，何雅菲．微型金融对女性减贫的影响：基于金融赋权视角的分析 [J]．福建论坛（人文社会科学版），2015，35（3）：30－38.

[50] 叶普万，贾慧咏．我国农村妇女贫困的现状、原因及解决对策 [J]．理论学刊，2010，27（9）：61－64.

[51] 袁兰．甘肃省张家川回族自治县农村妇女脱贫致富问题研究 [D]．兰州：西北民族大学，2014.

[52] 闫坤．我国妇女扶贫存在的问题与解决对策 [N]．中国妇女报，2017－01－25（B03）.

[53] 高苏微，周常春，杨光明．不同视角下妇女反贫困问题的理论研究进展 [J]．中华女子学院学报，2019，31（2）：54－60.

[54] 张爽．关于农村老年妇女贫困问题的研究 [J]．现代交际，2013（2）：16－17.

[55] 田飞丽．我国农村公共服务供给的减贫绩效研究 [D]．大连：东北财经大学，2014.

第三章　国际妇女扶贫经验

妇女贫困现象广泛存在于世界各国，贫困妇女脱贫不但对其自身的生存和发展具有重要意义，而且对阻断贫困代际传递、推动性别平等具有关键作用。长期以来，以欧美国家为代表的发达国家、以巴西和孟加拉国为代表的发展中国家、以联合国和世界银行为代表的国际组织在过去数年间采取临时救助、货币转移支付、食物供给、就业培训等多项措施，在妇女扶贫方面取得积极成效并形成了宝贵经验。一方面，上述国家在扶贫实践过程中注重运用组合政策工具，基于个体有限理性的特点将激励与惩罚机制内嵌到扶贫实践当中，以实现可持续减贫的目标；另一方面，世界绝大多数国家家庭生活普遍具有如下特点，妇女是家庭事务的主要承担者和家庭生活的主要管理者，上述国家在制定妇女扶贫政策时意识到这一点并加以运用，取得了多方面成效，例如，巴西的"家庭补助金计划"将妇女作为现金转移支付的直接受益人，这一政策安排增强了妇女对经济资源的控制能力，不但使受援助家庭的生活水平得以改善，而且对妇女赋权、儿童教育和健康起到了促进作用。本章将重点梳理上述国家和国际组织在妇女扶贫方面的做法，希望能为我国妇女扶贫政策的制定提供参考。

第一节　发达国家和地区妇女扶贫典型做法

一、以促进就业为特点的美国模式

美国是由华盛顿哥伦比亚特区、50 个州和关岛等组成的联邦共和立宪制国家，主体部分位于北美洲中部[1]，是一个高度发达的资本主义国家，2019 年人口总数为 3.28 亿人，实现国内生产总值 214 277 亿美元①。2016 年，按照世界银行贫困标准②计算，美国贫困发生率为 1.2%，按照美国国家贫困线计算③，贫困发生率为 12.7%，2018 年，该指标值下降到 11.8%[2]。

2018 年美国贫困人口分布具有如下特征：第一，分年龄结构来看，18 周岁以下人口贫困发生率最高，为 16.2%④，其次是 18～64 周岁年龄段人口，贫困发生率为 10.7%，65 周岁及以上人口的贫困发生率最低，为 9.8%；第二，分婚姻状况来看，美国有 9.0% 的家庭处于贫困之中，其中单亲母亲家庭的贫困发生率最高，为 24.9%，其次是单亲父亲家庭，贫困发生率为 12.7%，双亲家庭贫困发生率最低，为 4.7%；第三，分居住地来看，美国城市居民的贫困发生率略低于农村居民，其中城市居民贫困发生率为 11.3%，农村居民为 14.7%[3]。

美国的反贫困实践主要通过安全网计划（又称反贫困计划或福利计划）进行，安全网计划包括 14 类旨在为低收入个人和家庭提供福利的项目，涉及教育、医疗、住房、税收、社会保障等多个领域（表 3.1）。本书主要介绍收入所得税抵免政策（Earned Income Tax Credit，EITC）、贫困家庭临时援助计划（Temporary Assistance for Needy Families，TANF）和妇幼营养补助计划（Women，Infants and Children，WIC）三个典型的反妇女贫困计划。

表 3.1　美国安全网计划覆盖项目简介 [5]

项目名称	管理部门（机构）	主要内容	
可退还税收抵免（Refundable Tax Credits）	美国国税局	收入所得税抵免（Earned Income Tax Credit，EITC）	根据家庭类型（是否单亲）、子女数量及收入状况，通过退税补贴形式给予中低收入家庭一定额度的现金补偿
		儿童税收抵免（Child Tax Credit，CTC）	对于符合申请条件的纳税人，为其每个子女减少约 1 000 美元的联邦所得税负债

① 数据来源于世界银行。

② 按照 2011 年国际价格计算每天生活费用不足 1.90 美元。

③ 2016 年拥有两个子女的四口之家年收入低于 24 339 美元，人均可用于支付生活各项费用的日收入为 16.67 美元。

④ 16.2% 为 2018 年美国 18 周岁以下贫困人口占该年龄段人口总数的比重，后文中涉及的不同特征组别人口贫困发生率计算方法类似。

项目名称	管理部门（机构）	主要内容
住房选择券计划（Housing Choice Voucher Program）	美国住房和城市发展部	通过发放住房选择券的方式为收入低于县或市区中位数 50% 的家庭提供住房补贴，以使其租金支出限制在其收入的 30% 以内
补充安全收入计划（Supplemental Security Income）	美国社会保障管理局	为 65 岁及以上的老年人和 65 岁以下的残疾人或盲人每月提供现金福利
佩尔助学金（Pell Grant）	美国教育部	为低收入家庭的本科及以上学生提供助学金，受助人必须已经获得高中文凭
贫困家庭临时援助计划（Temporary Assistance for Needy Families）	美国卫生与公共服务部	向低收入家庭提供支持，包括分配现金，提供育儿、教育等多种服务
儿童营养计划（Child Nutrition）	美国农业部	向收入低于贫困线 1.3 倍的家庭免费提供儿童餐，并为低于贫困线 1.85 倍的家庭提供低价膳食
保育计划（Child Care）	美国卫生与公共服务部	向低收入家庭提供儿童保育服务
启蒙计划（Head Start）	美国卫生与公共服务部	向低收入家庭提供直接的学前教育服务
职业培训计划（Job Training）	美国劳工部	根据《劳动力创新与机会法案》管理各种计划，向低收入美国人提供就业培训
妇幼营养补助计划（Women, Infants and Children）	美国农业部	为孕妇和 5 岁以下的儿童提供营养补充食品、营养教育和培训
低收入家庭能源援助计划（Low‐income Home Energy Assistance Program）	美国卫生与公共服务部	为低收入家庭支付能源补贴

项目名称	管理部门（机构）	主要内容
食品券计划（Supplemental Nutrition Assistance Program）	美国农业部	针对低收入个人和家庭的食品计划，参与者每月会收到借记卡（电子福利转账 EBT 卡），可在大多数商店购买食物，但是这些卡通常不能购买非食品
生命线计划（Lifeline Program）	美国联邦通信委员会	向低收入个人或家庭提供每月电话或网络补贴，每个家庭每月的补贴上限为 9.25 美元
医疗补助计划（Medicaid Program）	美国卫生与公共服务部	为美国的低收入个人和家庭提供医疗保健服务

（一）收入所得税抵免政策

收入所得税抵免政策（Earned Income Tax Credit，EITC）最早颁布于 1975年，起初是通过提供一定额度的税收抵免来为有子女的低收入工作家庭提供财政援助，经过 40 余年的立法改革后，EITC 已经发展成为美国最大的反贫困计划之一[6]。

EITC 的核心内容是根据家庭类型（是否单亲）、子女数量及收入状况，通过退税补贴形式给予符合 EITC 申请条件的中低收入家庭一定额度的现金补偿。符合条件的申请者若想获得收入所得税抵免额，需自行在美国国税局官网提交联邦纳税申报表以及一系列证明文件。EITC 的申请条件至少包括以下内容：第一，申请者必须通过受雇或自营的方式获得了经济收入（工资、退休金、自营职业净收入等）；第二，申请者必须拥有有效的就业社会安全号码，并在纳税申报表的到期日之前签发（包括延期）；第三，符合投资收益的限制条件（2020 年投资收益金额低于 3 650美元）；第四，是美国公民或在美国全年居住的外籍公民等[7]。

对于满足条件的申请者，申请材料通过审核后，会在规定时间内获得收入所得税抵免金额，若抵免额度低于应纳所得税金额，那么申请者在缴税时只需缴清差额部分即可；若抵免额度高于应纳所得税金额，则差额部分会作为现金补助转入申请者账户。申请者的个人或家庭收入需满足一定条件才能获取 EITC，EITC 额度与申请者个人或家庭收入水平之间是分段函数的关系，以 2018 年拥有一个孩子的单亲家庭为例（其他类型的家庭计算方法类似），设申请者收入水平为 x，能够获得的 EITC 额度为 $f(x)$，则二者之间的关系如下：

$$f(x) = \begin{cases} 34\%x & x \in [0, 10\,180] \\ 3\,461 & x \in [10\,180, 18\,660] \\ 3\,461 - 15.98\% \times (x - 18\,660) & x \in (18\,660, 40\,320) \\ 0 & x \in [40\,320, +\infty) \end{cases} \quad (3.1)$$

计算 EITC 额度所需参数和项目退出的收入阈值等信息见表 3.2。

表 3.2　2018 年按婚姻状况和符合条件的子女数量划分的 EITC 参数 [6]

项　目		符合资格的子女数量			
		0	1	2	3 个及以上
未婚报税人（单亲户主）	抵免税率（%）	7.65	34.00	40.00	45.00
	最高收入金额（美元）	6 780	10 180	14 290	14 290
	最高抵免金额（美元）	519	3 461	5 716	6 431
	减少补助的收入阈值（美元）	8 490	18 660	18 660	18 660
	减少补助的抵免税率	7.65	15.98	21.06	21.06
	停止补助的收入阈值（美元）	15 270	40 320	45 802	49 194
已婚报税人（夫妻联名提交）	抵免税率（%）	7.65	34.00	40.00	45.00
	最高收入金额（美元）	6 780	10 180	14 290	14 290
	最高抵免金额（美元）	519	3 461	5 716	6 431
	减少补助的收入阈值（美元）	14 170	24 350	24 350	24 350
	减少补助的抵免税率	7.65	15.98	21.06	21.06
	停止补助的收入阈值（美元）	20 950	46 010	51 492	54 884

　　EITC 的实施取得了积极成效，截至 2019 年 12 月，美国大约有 2 500 万纳税人收到了 630 亿美元的 EITC 补助，平均每人收到的 EITC 金额为 2 476 美元，EITC 与 CTC 等项目大幅降低了美国工人家庭的贫困状况，2017 年，大约有 890 万人借此摆脱贫困[8]。EITC 具有如下优势：第一，抵税条件的设置灵活，充分考虑到了申请者的婚姻状况、子女数量和收入水平变化情况；第二，在一定程度上能够激励就业，可以看到，申请者可以获得的 EITC 金额是收入水平的分段函数，当申请人

收入水平较低（处于第一阶段）时，EITC 金额随收入的增加而增加，在这一阶段，EITC 对就业具有显著的带动作用，申请者工作越积极，能够获得更高经济收入的同时也能够获得更多的补助。

（二）贫困家庭临时援助计划

1996 年美国国会通过《个人责任和工作机会协调法》（the Personal Responsibility and Work Opportunity Reconciliation Act，PRWORA），规定为贫困家庭提供临时援助（TANF）[9]。TANF 的主要目标有四个：一是向贫困家庭提供援助，使儿童能够在自己的家中或亲属家中得到照料；二是通过对就业培训、工作和婚姻的积极干预来减少贫困父母对政府福利的依赖；三是防止和减少非婚妊娠发生率；四是鼓励双亲家庭的形成和维持。为了达成上述目标，TANF 每月为有子女的低收入家庭提供现金转移支付和多项服务[10]。

TANF 援助内容广泛，主要包括以下几类：一是基本援助活动，主要包括现金、代金券和其他形式的福利，旨在满足家庭生活的基本需求（即食物、衣服、住房、水电、家庭用品和个人护理用品等）；二是工作、教育和培训活动，包括补贴性就业（福利部门向雇佣 TANF 参与者的雇主支付补贴费用）、教育和培训以及其他活动；三是儿童早期护理和教育，包括儿童保育和学前教育；四是儿童和青年服务计划，旨在支持和丰富儿童和青年的发展，提高他们的生活技能和受教育程度；五是双亲家庭形成和维持计划，旨在鼓励双亲家庭的形成和维持，例如举办父母技能讲习班、开展关于如何控制攻击性行为的教育活动等，此外还包括金融教育与资产开发、非经常性短期福利、支持类服务、防止非婚妊娠、儿童福利服务等。2018 年，美国 TANF 联邦资金和州援助维持条款（Maintenance of Effort，MOE）资金总支出 313 亿美元，投入最高的三类援助活动分别是基本援助活动，经费投入占总经费的 21.4%；儿童早期护理和教育，经费投入占比为 17.0%；工作、教育和培训活动，经费投入占比为 10.7%[11]。

为支持 TANF 项目运行，联邦政府每年为各州拨付定额资金（基本整笔拨付 165 亿美元），同时，按照 MOE 规定，各州必须为 TANF 配备约 103 亿美元的自有资金（也称 MOE 资金），上述资金只能用于实现 TANF 四个目标中的一个或多个[12]。各州在确定 TANF 的申请资格、福利标准以及援助内容上具有充分的自由裁量权，但援助内容的设定需满足以下条件。第一，遵守联邦法律相关规定：一是需满足援助时间限制，参与 TANF 家庭的受援助时间不超过 60 个月，对特别困难的家庭可适当延长受援助时间[9]；二是接受援助者必须参加工作，同时，各州 TANF 受援助家庭每年总体工作参与率和双亲工作参与率均需达到绩效标准（总体工作参与率至少达到 50%，双亲工作参与率至少达到 90%），否则将面临财政处罚。第二，援助内容必须围绕 TANF 的四个主要目标进行。

除了各州运营管理 TANF 需达到相应的绩效标准外，接受援助的家庭也需要通过自身努力满足一定条件才能获得相应的福利。以现金转移支付为例，受援助家庭中有工作资格的人必须参与 TANF 规定的工作活动（表 3.3），且达到时长要求。根据 TANF 第十二次报告，一个州参与 12 项特定活动（表 3.3）的一项或多项的 TANF 家庭比例至少达到 50% 且参与时间平均每周至少达到 30 小时（或者子女 6 岁以下的单亲父母每周参与时间至少达到 20 小时）；双亲工作参与率要求指的是，各州至少有 90% 的双亲家庭参加工作活动的时间平均每周至少达到 35 小时（或接受联邦补贴儿童保育的家庭每周至少达到 55 小时）。TANF 家庭需达到上述条件，每月才能获得相应金额的现金福利，现金福利金额标准由其所在州根据家庭规模确定，如果受援助家庭父母中有任意一方拒绝参加工作，那么 TANF 对整个家庭的援助活动都将终止[9]。

表 3.3　TANF 规定的可以计入工作参与率的工作活动 [10]

核心活动（每周至少参加 20 小时）	非核心活动（只有参与时间超过 20 小时才有效）
无补贴就业	与就业直接相关的工作技能培训
补贴性私营部门就业	与就业直接相关的教育
补贴性公共部门就业	在中学或 GED 课程中的出勤率达标
工作经历	
在职培训	
求职/工作预备类援助活动	
社区服务项目	
职业教育培训	
为社区服务项目的参与者提供儿童保育服务	

一方面，自 TANF 颁布后，美国低收入单亲母亲的就业率整体上有所提升，但在不同阶段的变化趋势存在差异。1997 年至 2000 年，美国低收入单亲母亲的就业率大幅提升，从 56％增加至 64％；此后，在 2000 年至 2011 年期间，该指标从 64％下降到 54％；到 2015 年，该指标回升至 59％；另一方面，单亲母亲家庭的年平均收入波动增加，从 1997 年的 8 460 美元波动增加至 2015 年的 11 308 美元[10]。

从帮扶机制来看，TANF 家庭必须参与表 3.3 所示的工作活动才能获得相应的现金福利，该帮扶机制实质上能够给贫困者带来双重利益。第一，每月的现金福利有利于改善家庭生活。第二，必须参加的工作活动能够培养和锻炼工作技能，对贫困者更好地参与就业市场有积极作用。但是，无论是在地区层面还是在家庭层面，TANF 在推行过程中均设置了惩罚机制，对家庭而言，援助活动一般会因为该家庭没有满足工作要求或者援助时长已达到 5 年上限而停止，有研究表明，因上述原因被迫退出援助活动的家庭比主动脱离援助活动的家庭更难实现再次就业，陷入深度贫困的概率也更高[9]，对于这类家庭，TANF 项目没有起到"社会安全网"的效果，也未能帮助其摆脱贫困。

同时，本书还观察到一个现象，按照世界银行人均日生活费用 1.9 美元的贫困标准，美国贫困发生率从 2000 年的 0.7％上升至 2016 年的 1.2％，即美国的极端贫困人口占比在此期间整体上呈现出上升趋势。基于上述现象，自然而然也衍生出下列问题，在社会安全网一系列制度安排下，美国生活在世界银行贫困标准之下的人口比例却呈上升趋势，这一现象背后的深层次原因是什么？TANF 设定惩罚机制的初衷是减少福利依赖，最大程度帮助低收入家庭靠自身努力脱贫，但是，当部分家庭因不满足受援助条件而被迫退出援助活动时，反而加大了再次陷入深度贫困的概率，此类现象背离了 TANF 的初衷。那么，这些在接受援助过程中难以"达标"的家庭，他们的心理和行为机制是什么？对于他们而言，怎样的帮扶措施才是有效的？这些问题值得进一步探讨。

（三）妇幼营养补助计划

妇幼营养补助计划（WIC）是根据美国 1972 年《儿童营养法》修正案创立的一个为期两年的试点项目，该项目于 1975 年起永久生效。WIC 的目标是保护处于营养不良风险中的低收入妇女、婴儿和 5 岁以下儿童的健康[13]，该计划主要包括食物供给和营养服务两部分内容，由美国农业部食品和营养服务局管理，并向 90 个 WIC 州立机构提供营养补充食品、营养服务和行政管理补助[13]。

WIC 服务的目标人群包括孕妇（怀孕期间以及分娩后或怀孕结束后 6 周内）、母乳喂养的妇女（婴儿 1 周岁之前）、非母乳喂养的产后妇女（婴儿出生或妊娠结束后 6 个月内）、婴儿（1 岁以内）和 5 岁以下的儿童。申请 WIC 需要满足以下条件：第一，申请者属于 WIC 服务的目标人群；第二，申请者的居住地必须是其申请 WIC 资格所在州；第三，申请者收入必须低于其所在州的收入标准，各州收入标准自行制定，但必须介于《联邦贫困指南》所规定贫困线的 100% 至 185% 之间，例如 2020 年 7 月 1 日至 2021 年 6 月 30 日，《联邦贫困指南》规定 1 口之家贫困线为 12 760 美元/年，阿拉斯加州的收入标准为 15 950 美元/年（介于《联邦贫困指南》规定贫困线的 100% 至 185% 之间）；第四，申请者在申请时需测量身高体重，并进行血液检查以确定其是否存在营养不良、贫血等情况[14]。

WIC 参与者能够从以下三方面受益：第一，参与者能获得营养食品补充，即 WIC 为参与者提供包含人体生长必备营养元素的套餐组合，套餐内的食品搭配会根据参与者营养需求不同而有所调整。WIC 参与者可以通过三种途径获得营养补充食品，一是到 WIC 授权零售店中以 WIC 发放的食物券等凭证来交换营养补充食品；二是由 WIC 机构将营养补充食品送到参与者家中；三是参与者直接到当地 WIC 的存储机构领取营养补充食品。第二，参与者能获得营养教育服务。WIC 提供营养教育的目标有两个，一是强调营养与健康之间的关系，提高参与者对药物使用及其他有害物质危险性的认识；二是帮助营养不良者改善饮食习惯，进而改善营养状况。各地的 WIC 机构必须在 6 个月时间内为所有参与者提供至少两次的营养教育课程。第三，协助 WIC 参与者获得医疗保健和社会服务[13]。

WIC 的成效主要体现在以下两方面：第一，对低收入怀孕妇女而言，WIC 对于改善其身体营养状况、提升健康水平具有重要意义，大幅度降低了（极）低体重婴儿出生率和患病率[15]。第二，婴幼儿时期的营养状况对于个体在整个生命周期中的身体健康、认知能力具有重要影响，WIC 为婴儿（1 岁以下）和儿童（1～5 岁）提供营养食品，对于防止因婴幼儿时期营养不良造成的后期认知功能障碍等问题起到了关键性作用。

二、以反社会排斥为特点的欧盟模式

欧洲联盟简称欧盟，是由 27 个成员国①组成的经济联盟和政治联盟。欧盟国家国民收入水平较高，按照世界银行标准，27 个欧盟国家中有 26 个属于高收入国家，1 个属于中高收入国家；按照国际货币基金组织标准，27 个欧盟国家中有 22 个属于发达国家。因此，就发达国家妇女扶贫经验而言，欧盟国家的主要做法具有一定代表性，梳理欧盟在妇女扶贫方面的主要做法能够为我国未来妇女贫困治理提供一定参考。

欧盟在进行贫困治理时将贫困与社会排斥联系在一起，将减轻经济维度的贫困和消除社会排斥同时推进。"欧盟 2020 战略"提出要在 2020 年时使至少 2 000 万人摆脱贫困和社会排斥，并将 20～64 岁人口的就业率提高到 75%[16]，为此，欧盟构建了综合贫困监测指标 AROPE，来测度各地区贫困程度的变化，AROPE 能够衡量一个人是否处于贫困或社会排斥风险中，处于贫困或社会排斥风险中的人指的是面临贫困、遭受严重物质剥夺或生活在极低工作强度家庭（半失业家庭）中的人，具体标准如表 3.4 所示。

表 3.4　欧盟贫困或社会排斥风险衡量标准

维度	衡量标准
经济收入	个人可支配收入低于全国可支配收入中位数的 60%
物质层面严重被剥夺	生活中无法负担至少以下 4 个项目的家庭： （1）按时支付租金/贷款/水电费 （2）家中室内温度满足保暖需求 （3）有能力支付意外支出 （4）每隔一天能够吃到鱼、肉或蛋白质类食品

---

① 2020 年欧盟国家包括：奥地利（Austria）、比利时（Belgium）、保加利亚（Bulgaria）、塞浦路斯（Cyprus）、克罗地亚（Croatia）、捷克（Czech Republic）、丹麦（Denmark）、爱沙尼亚（Estonia）、芬兰（Finland）、法国（France）、德国（Germany）、希腊（Greece）、匈牙利（Hungary）、爱尔兰（Ireland）、意大利（Italy）、拉脱维亚（Latvia）、立陶宛（Lithuania）、卢森堡（Luxembourg）、马耳他（Malta）、荷兰（Netherlands）、波兰（Poland）、葡萄牙（Portugal）、罗马尼亚（Romania）、斯洛伐克（Slovakia）、斯洛文尼亚（Slovenia）、西班牙（Spain）、瑞典（Sweden）。

维度	衡量标准
物质层面严重被剥夺	（5）每年能在家休假一周
	（6）可以因私使用汽车（拥有私家车或有能力因私租用汽车）
	（7）拥有一台洗衣机
	（8）拥有一台彩色电视机
	（9）拥有电话
极低工作强度	年龄在 59 岁以下的人，所在家庭中处于工作年龄（18～59 岁）的成年人，在过去的 1 年中工作强度不及其工作潜力的 20%

可以看到，欧盟对贫困和社会排斥的衡量标准采用了相对法和绝对法相结合的方式，该标准高于世界银行制定的贫困标准，在一定程度上展示了在发达国家的经济和社会环境中，处于贫困和社会排斥风险中人群的生活状态。根据《2018 年欧洲反贫困网络国家贫困观察报告》，自 2008 年金融海啸以来，欧盟经历贫困或社会排斥风险的人数在 2012 年达到峰值 1.23 亿人（占总人口的 24.7%），比 2008 年增加了 640 万人；根据欧盟统计数据，2017 年，经历贫困或社会排斥风险的人数为 1.13 亿人（占总人口的 22.5%），比 2008 年的基线人数下降 500 万人，距离欧盟制定的 2 000 万人的目标还有较大距离[17]。为了帮助处于贫困和社会排斥风险之中的各类群体，欧盟的典型做法包括开展一系列促进就业、反社会排斥项目以及逐步构建社会安全网，详述如下。

第一，开展一系列促就业、反社会排斥项目。促进就业一直是欧盟反贫困的主要内容之一。2012 年，为完成"欧盟 2020 战略"设定的反贫困和社会排斥以及就业目标，欧盟颁布了一组促进就业的政策，其中以减贫为目标的政策是通过欧洲社会基金（European Social Fund，ESF）为贫困人口创造就业机会。ESF 是欧洲支持就业、提升就业质量、促进就业公平的主要工具，主要通过投资于欧洲的人力资本来运作[18]。ESF 认为，就业是赋予人们独立性、财务安全和归属感的最有效方法。以"为所有人创造机会"为主题，ESF 资助了数以千计的项目，以帮助处于困境的人们以及处境不利的群体习得技能，找到工作并享有与其他人相同的发展机会[19]。

"为所有人创造机会"主题包括四个子模块：一是反对边缘化，该模块下的项目旨在帮助经常遭受严重歧视和偏见、被严重边缘化的欧洲人群获取更好的教育资源、就业计划和医疗保障服务，通过多种方式帮助他们再次融入社会。该模块下帮助贫困妇女的项目以提供职业技能培训、财务支持、心理咨询等内容为主，例如罗姆人是欧盟人数较多的少数民族之一，他们大多受教育程度低、生活贫困、难以获取高质量的医疗资源，在教育、医疗和就业等各个领域被严重边缘化，ESF 通过为罗姆妇女提供培训和财务支持，帮助其发展手工业增加收入；奥地利南部的克拉根福特女孩中心开发了"在路上"项目，为 18 至 25 岁处境不利的边缘化妇女提供职业技能培训和心理咨询服务，对参与者获得就业机会和提升自信起到了重要作用[20]。

二是支持社会企业。社会企业的职能介于公共部门和私营部门之间，以商业为基础运作，其主要目的是以一种或多种方式为社区服务。在该模块下，ESF 通过支持社会企业雇佣存在工作障碍的群体（如残疾人、有精神问题或健康问题的人等）来帮助他们摆脱贫困，工作内容以社区服务为主。例如，ESF 资助斯洛文尼亚的一家非营利性纺织品工厂雇佣当地没有学历、长期失业的弱势年轻人，工作内容是收集和分类二手衣服，并在修补和重新定型后做一系列转售的预备工作[21]。

三是支持当地伙伴关系。该模块对贫困妇女的帮扶是间接进行的。通常反贫困项目的制定和实施涉及多方参与者，包括欧盟、国家机构、地区和地方当局、非政府组织、当地社区以及包括劳动者组织和企业代表在内的社会伙伴，ESF 通过促进各利益相关者在提升就业和劳动力市场包容性方面的互联互通，来推动社会包容、性别平等和机会均等。如 ESF 与欧洲区域发展基金①共同支持社区主导的就业和社会包容方面的发展计划[22]。

四是采取包容性措施。由于欧盟国家中的部分妇女、老年工人、少数民族等群体在寻找工作时面临歧视。该模块下的项目主要是推广就业过程中的包容性措施以帮助上述群体免受就业歧视。例如，ESF 通过资助部分企业，为移民到瑞典马尔默的妇女提供工作机会，上述女性受教育程度低、缺乏工作经验，但由于其长期从事家庭劳动而在清洁、会议服务和缝纫方面具有一定经验，因此，她们的工作内容主要是在咖啡馆和餐厅从事服务工作[23]。

第二，与非政府减贫组织合作，逐步推进最低收入计划。欧洲反贫困网络

---

① 欧洲区域发展基金主要为基础设施建设提供资金支持。

(the European Anti‐Poverty Network，EAPN）是由独立的非政府组织组成的网络，自 1990 年以来一直致力于消除贫困和社会排斥，并与身处贫困和社会排斥风险之中的人开展合作，听取他们关于减贫的意见和建议。EAPN 的主要任务包括以下几方面：第一，通过调查研究，为欧盟及欧盟国家提供政策建议以提高消除贫困和防止社会排斥行动的有效性；第二，提高社会对贫困和社会排斥的认识；第三，为处于贫困和社会排斥风险中的人赋权；第四，将消除贫困、社会排斥和性别歧视纳入组织的工作范围，游说处于贫困和社会排斥风险中的人参与 EAPN 的赋权行动[24]。EAPN 受到《欧盟就业和社会创新计划（the EU Programme for Employment and Social Innovation，EaSI)》的资助，该计划是欧盟一级的融资工具，旨在促进高质量、可持续性就业，保证充分和体面的社会保护，与社会排斥和贫困做斗争并改善工作条件[25]。

　　EAPN 在欧盟的反贫困实践中发挥了重要作用。第一，2019 年 11 月，EAPN 在欧盟委员会和 EAPN 基金的支持下组织了第 18 届欧洲贫困人口会议，会议集中讨论了五个主题，分别是贫困人口的住房问题、社会生活参与问题、最低收入问题、获得优质的医疗保健服务问题以及获得不同类别的体面工作和平等就业机会的问题[26]。第二，自 2013 年起，EAPN 开始运作欧洲最低收入网络项目（The European Minimum Income Network，EMIN)，该项目是由欧盟委员会资助的两年期项目，旨在与欧盟成员国建立共识，采取必要步骤在欧盟成员国中逐步实现适当的和可利用的最低收入计划[27]。最低收入计划为有工作或没有工作、缺乏足够经济支持、没有资格获得社会保险等福利的人提供安全网支持，旨在确保有关个人及其家属的最低生活标准[28]。EAPN 在 2013 年至 2014 年实施了该项目的第一期（EMIN1)，在 2017 年至 2018 年实施了该项目的第二期（EMIN2)。

　　EMIN 项目实施的关键内容之一是制定欧盟贫困人口最低收入的统一标准，即确定一个统一的商品和服务篮子，涉及人类生活的 10 个领域，住房、健康食品、个人护理、保健、衣着、交通、休闲、休息、安全的童年和维持社会关系。到 2018 年，EMIN 项目已经成功为 26 个欧盟成员国开发了食品篮子，为 8 个欧盟成员国开发了一个用于医疗、个人护理和住房的篮子。同时，部分欧盟成员国在 EMIN 项目的推行过程中，已经开始着手制订本国的最低收入计划，例如，希腊启动了社会团结收入计划，并开始引入管理信息系统，从 2016 年起逐步推进该项目，并扩大覆盖范围，旨在为贫困人口提供一个社会安全网；意大利推出了支持积极融入社会的新倡议，该计划旨在为经济条件非常贫困、有特殊需要的家庭提供少量资金的预付卡，之后，该计划被一项新的资助计划取代，新计划规定在意大利居住 5 年以上的贫困人口将获得适度福利，可以使用"社会卡"，但仅限于购买基本商品[29]。

可以看到，EAPN 主要在欧盟的政策制定层面发挥作用，即通过调查研究收集贫困人口的需求，为欧盟及其成员国提供消除贫困和社会排斥方面的政策建议，提升政策的有效性。同时，EAPN 对贫困现象和减贫措施进行了广泛而深刻的研究，贡献了多项有价值的研究成果。《2018 年欧洲反贫困网络国家贫困观察报告》提出了新见解，例如，促进就业是多个国家反贫困实践的重要抓手，但该报告指出，一份工作本身并不能保证实现脱贫，工作贫困现象正随着新的剥削性商业模式的出现而逐渐增多；EAPN 建议应制定一项综合的、基于权利的反贫困战略，以保障贫困人口能够有尊严的生活；同时还指出，倾听贫困人口的声音对于了解贫困现象、扩大反贫困政策的影响以及促进更好解决方案的出台至关重要[17]。

第二节　发展中国家和地区妇女扶贫典型做法

一、以人力资本开发为特点的巴西模式

巴西是南美洲最大的国家，国土总面积 851.49 万平方千米[30]，2019 年，巴西总人口 2.11 亿人，实现国内生产总值 18 398 亿美元。20 世纪 90 年代以来，巴西政府出台了多项扶贫政策，到 2010 年，近 2 000 万人摆脱绝对贫困，约 3 100 万人进入中产阶层，提前完成了联合国千年发展目标。按世界银行贫困标准计算[①]，巴西贫困发生率从 1990 年的 21.6％下降到 2018 年的 4.4％。巴西最典型的一项扶贫政策是"家庭补助金计划"（Programa Bolsa Familia），被认为是发展中国家最大的一项现金转移支付计划，受到了国际社会的广泛关注，并在 2013 年获得国际社会保障协会（the International Social Security Association，ISSA）颁发的突出贡献奖[31]。

---

①　按照 2011 年国际价格计算每天生活费不足 1.90 美元。

"家庭补助金计划"起源于1995年在巴西两个城市实施的一项有条件的现金转移支付项目，目标是促进社会包容，消除贫困和饥饿，阻断贫困的代际传递。该项目将贫困家庭儿童接受教育、妇女和儿童定期参与健康体检设置为援助条件，参与该项目的家庭只要达到援助条件即可获得相应的现金补助。该项目的核心特征是将改善贫困家庭人力资本状况作为现金补助的发放条件，既能够使贫困家庭人力资本得到开发，又能够通过现金转移支付改善生活水平。在这种激励机制下，"家庭补助金计划"取得了良好成效，并逐渐发展成为四个独立的有条件的现金转移支付项目，分别是以减少童工为目标的联邦小型学校计划、以减少婴儿死亡率和营养不良为目标的营养餐计划、以提供炊事用气为目标的燃气补贴项目和零饥饿计划，但是，由于上述四个项目的目标群体几乎相同，2003年四个项目重新被统一成一个社会福利计划，即"家庭补助金计划"[32]。

　　"家庭补助金计划"每月为每个符合受援助条件的家庭发放一定金额的补助金，受援助家庭能够获得补助金的条件包括以下几方面（图3.1）：一是教育层面的出勤率条件，家里年龄在6～15岁的儿童进入学校接受教育且出勤率至少达到85%，16～17岁孩子出勤率至少达到75%；二是健康层面的体检等条件，7岁以下的儿童定期到卫生所检查发育情况和接种疫苗；14～44岁怀孕妇女需接受围产期保健[32]。补助金额度的确定依据是受助家庭的人均收入水平、儿童和孕妇数量，人均月收入低于70巴西雷亚尔的家庭，无论家庭结构如何，在达到受援助条件的情况下，每人每月都会获得70巴西雷亚尔的补助金；人均月收入高于70巴西雷亚尔但低于140巴西雷亚尔的家庭，家中儿童、孕妇和青少年会获得补助金，但是获得补助金的人数存在限制，每个家庭获得补助金的儿童和孕妇不超过3人，青少年不超过2人。补助金发放对象将获得一个专属银行卡，当满足相应条件时，政府每月会定期将补助金转入银行卡中，值得注意的是，该计划在选择补助金发放对象时考虑到了性别因素，制度设计者将每个家庭的妇女设定为补助金发放对象，因为她们会有更高的概率将补助金用于子女教育和改善家庭生活。

　　家庭补助金计划是发展中国家最大的现金转移支付计划，对该计划实施效果的评估成为多项学术研究的主题。研究表明，"家庭补助金计划"减贫成效显著，在健康、教育、妇女赋权等领域也取得了一定成绩，2004年至2014年，巴西对"家庭补助金计划"的投资不断增加，平均增幅为480.06%；同时，Campoli等通过实

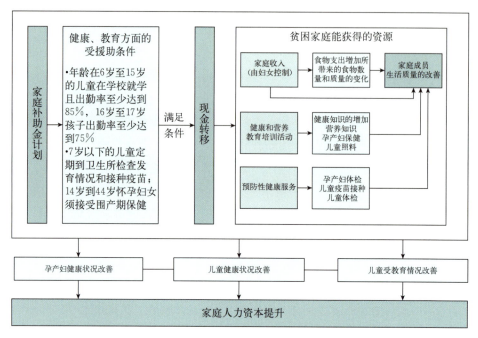

图 3.1　巴西"家庭补助金计划"对人力资本的提升机制

证研究发现,"家庭补助金计划"投资金额的增加对于增加贫困者收入、减少收入不平等现象、增加出勤率、减少儿童死亡率具有显著作用[31],具体来看:

收入方面,第一,在与其他扶贫政策的合力作用下,巴西极端贫困人口的数量大量减少,截至 2016 年,该项目在巴西已覆盖 1 200 万个家庭,大约 4 800 万人[32],按照世界银行贫困标准计算,贫困发生率从 1995 年的 13% 下降到 2016 年的 3.9%;第二,贫困者人均收入大幅度增长,收入不平等现象得到缓解,2004 年至 2014 年,巴西贫困者的人均收入平均增长 26.57%,基尼系数平均下降 10.98%[31]。

健康方面,"家庭补助金计划"能显著改善贫困家庭儿童的营养状况,降低因营养不良导致的儿童死亡率,这一结论来源于 Rasella 等在《柳叶刀》杂志发表的一项研究,该研究利用巴西国家层面的活产和死亡数据,分析了巴西"家庭补助金计划"对儿童死亡率的影响,研究结果显示,2004 年至 2009 年,巴西 5 岁以下儿童的平均死亡率减少 19.4%,因营养不良导致的儿童死亡率下降 58.2%[33]。

Rasella等还分析了"家庭补助金计划"对儿童营养状况的影响机制，根据 Black 等的研究，儿童营养状况的主要影响因素有四个，分别是家庭粮食安全水平、照料情况、家庭环境和健康服务的获得情况[34]，"家庭补助金计划"通过为贫困家庭发放补助金，以增加受援助家庭的食品支出，进而改善该家庭的粮食安全状况，同时，与健康相关的受援助条件也可以改善一个家庭获得健康服务的机会[33]。

教育方面，将学龄子女在学校的出勤率设置为"家庭补助金计划"的受援助条件之一，使适龄学生的入学率得到显著提升，从 2007 年的 66.2％提升到 2020 年的 90.3％[35]。关于"家庭补助金计划"对不同年龄段学生教育成果的影响也一直是学者关注的焦点之一，Glewwe 和 Kassouf 运用计量方法检验了"家庭补助金计划"对儿童教育成果的影响，研究表明，该计划使 1～4 年级和 5～8 年级的入学率分别增加了约 5.5％和 6.5％，1～4 年级和 5～8 年级的辍学率分别下降了约 0.5％和 0.4％，1～4 年级和 5～8 年级的升学率分别提高了约 0.9％和 0.3％，同时，该计划对促进各种族入学人数均等化起到了积极作用[36]。

妇女赋权方面，"家庭补助金计划"将补助金直接发放给妇女的做法增强了妇女对资源的控制能力，现有研究表明，妇女对资源的控制不但能够影响妇女的决策权，而且能影响家中儿童的福利[37]。巴西的两位学者在实地调研中采访了参与"家庭补助金计划"的妇女，发现参与该项计划增加了她们的独立性，进而增强了她们在家中的权力[38]；Brauw 等通过实证研究发现"家庭补助金计划"能够对妇女的家庭决策权产生显著影响，但是，对农村和城市妇女的影响，以及对不同领域妇女家庭决策权的影响存在异质性，例如，"家庭补助金计划"能够显著增强城市妇女的家庭决策权，然而在农村地区，妇女的家庭决策权并没有显著增加，Brauw 等认为，这是由于在农村地区，从家庭到学校、诊所的路程更远，导致妇女在履行"家庭补助金计划"的受援助条件时会花费更多时间，从而挤占了劳动时间。如果由于农村妇女劳动力供给减少导致妇女收入减少和资源控制减少，则该计划可能无法提高农村妇女的决策权[39-40]。

巴西"家庭补助金计划"具有以下几点启示：第一，从组织方式来看，巴西"家庭补助金计划"的特点是在联邦一级集中力量，在州、市和社区一级下放权力，此外，计划推行过程中所使用的系统方法和信息技术，流程管理、私营部门的参与、开展志愿工作以及增强社区、公民和雇员的能力也是决定减贫效果的重要因素[41]。第二，在制度设计时将性别因素纳入考虑范围，从而带来了不同的政策效果。在全球多个国家中，女性普遍承担着家庭主要照料者的角色，选择将补助金发放给母亲，能够促进家庭生活质量的改善，儿童健康和福利状况的改善，以及儿童受教育状况的改善。第三，从现有研究结果来看，巴西"家庭补助金计划"在促进城市和农村妇女赋权方面存在异质性，对城市和农村妇女劳动力供给的影响也存在异质性。与城市妇女相比，农村妇女在履行受援助条件时可能存在更大困难，需要花费更多的时间和精力，这导致了农村妇女劳动供给的减少，进而可能会降低她们的经济收入，使政策有效性下降。"家庭补助金计划"给农村妇女带来的劳动力供给方面的消极影响能够带给我们一定启示，即为了提升政策有效性，在政策设计时应充分评估到政策实施可能给不同群体带来的不同影响，并通过调整政策内容使其适应不同群体特点。

二、以构建社会安全网为特点的孟加拉国模式

孟加拉人民共和国简称孟加拉国，是南亚国家，2019 年人口总数为 1.63 亿人，实现国内生产总值 3 026 亿美元①。孟加拉国是世界上最贫困的国家之一，成立之初的孟加拉国刚刚取得独立战争的胜利，国内社会经济受到战争严重破坏，亟待重建，人民普遍处于贫困状态，1973 年至 1974 年孟加拉国的贫困人口比例高达74.0％[42]。新中国成立以来，通过有计划地推动经济发展，实施减贫行动，孟加拉国取得了显著的减贫成效，到 2016 年，国内贫困人口比例已下降至 24.3％①。在孟加拉国，妇女约占总人口的一半[43]，妇女群体在孟加拉国的贫困治理过程中发挥了关键作用，妇女发展也成为该国社会发展的一个重要领域。

社会安全网项目（Society Safety Net Programs，SSNPs）是孟加拉国用来减轻贫困的主要工具，社会安全网项目大致可分为四类：一是向各个贫困群体提供特别津贴，使贫困者和处境不利的人能够有效地解决贫困问题；二是通过小额信贷和不同的基金管理方案创造就业机会；三是开展以粮食安全为基础的活动，以更好地应对自然灾害引发的负面影响；四是提供教育、健康和培训服务，使新一代更有能力自力更生[44]。社会安全网（Social Safety Net）的概念起源于公共政策领域，并于

----

① 数据来自世界银行。

19 世纪 80 年代开始在国际上流行[45]。左停等（2004）将社会安全网定义为国家和社会为农民，尤其是贫困农民提供的一种普遍的、明确的、预设的制度安排框架，当他们面临外界各种风险威胁时，这种制度安排能够主动地帮助他们消除、缓解和应对这些威胁给其基本生计安全带来的影响，包括正规的制度安排和非正规的制度安排[46]。

　　孟加拉国自 1974 年发生饥荒之后开始实施社会安全网项目，社会安全网项目覆盖内容广泛，包括 30 个由政府直接实施的不同类型的项目以及 15 项由基金组织提供的援助计划[47]，该项目将贫困人口特别是妇女、儿童及残疾人置于优先地位，关注贫困者基本需求，通过增加其应对不同类型风险的能力，达到缓解贫困的目标[2]。涉及扶助贫困妇女的项目有弱势群体发展项目（Vulnerable Group Development，VGD），寡妇、被遗弃妇女及贫困妇女津贴（Allowance to the Widowed，Deserted and Destitute Women），以工代赈项目（Food for Works，and Cash for Work）、弱势群体供给项目（Vulnerable Group Feeding，VGF），初等教育津贴项目（Primary Education Stipend Project，PESP），女子中学援助计划（Female Secondary School Assistance Program，FSSAP），农村公共资产就业机会（Rural Employment Opportunities for Public Assets，REOPA）等[47]。根据不同社会安全网项目特点，本书主要从就业创业支持和人力资本提升两个方面来介绍孟加拉国妇女扶贫的做法及成效。

　　第一，就业创业支持方面，孟加拉国实施的典型项目包括小额信贷项目和农村公共资产就业机会项目，小额信贷项目是孟加拉国最典型的减贫项目之一，主要做法是通过向贫困者发放小额贷款的方式来支持其创业，进而帮助其增加收入、摆脱贫困。孟加拉国的小额信贷发放机构主要有四个，分别是孟加拉国乡村银行①（Grameen Bank，GB）、孟加拉国农村促进委员会（Bangladesh Rural Advancement Committee，BRAC）、社会发展联合会（Association for Social Advancement，ASA）和孟加拉国农村发展委员会（Bangladesh Rural Development Board，BRDB）[48]。以孟加拉国乡村银行为例，该银行的创办始于一项实验，20 世纪 70 年代，孟加拉国经济学家穆罕默德·尤努斯在孟加拉国的乔布拉村将 27 塔卡借给 42 名贫困妇女，她们用

---

　　① 又称格莱珉银行。——编者注

这些钱买了藤条编制竹凳出售，所得钱款在偿还借款之余还补贴了家用。之后，尤努斯创立了孟加拉国乡村银行，其核心内容是向贫困妇女和其他贫困农民提供无抵押、无担保的小额贷款，贷款分期偿还，条件是贷款对象必须成立一个5人小组和一个由40人组成的贷款成员中心，每一个组员对组内其他成员的贷款负有连带责任，如果小组中有人违约，其他成员的信用也会受到影响，因此农户在挑选其他人加入小组时会非常谨慎。另外，小组成员每周都需要参加贷款成员中心会议，彼此交流心得。小组成员之间的相互监督机制和每周的中心会议有效控制了违约风险，还款率为97%。截至2016年底，孟加拉国乡村银行的借款人达到890万人，覆盖了孟加拉国93.16%的村庄，其中859万人是贫困妇女，还包括7.76万名乞丐[49-50]。

农村公共资产就业机会项目目标是为妇女赋权和维护农村基础设施，参与该项目需要满足四个条件：一是家庭土地面积小于0.3英亩①；二是户主是女性，且户主年龄在18～35岁；三是丧偶或离婚至少一年的妇女能够优先参与本项目；四是家庭中无其他收入来源且未参与其他项目[51]。该项目旨在通过为贫困妇女提供维护农村基础设施方面的就业岗位使其拥有基本生活来源，与我国在精准扶贫过程中聘用符合条件的建档立卡贫困户作为生态护林员有异曲同工之处。

第二，在促进贫困妇女人力资本提升方面，孟加拉国实施的典型项目主要包括弱势群体发展项目和初等教育津贴项目。弱势群体发展项目开始于1974年[51]，项目目标主要有两个：一是通过培训、激励储蓄和提供利用信贷的机会，提升贫困妇女的生活技能；二是通过分组培训提高贫困妇女应对灾害的能力和社会认知能力[47]。参与该项目的妇女需满足六个条件：一是家庭拥有土地面积小于15英亩，二是家庭年收入小于300塔卡，三是属于"丧偶、分居、被遗弃、离婚或丈夫无劳动能力"五种情况之一的妇女，四是该妇女依赖临时性工作，五是该妇女缺乏生产性资产，六是该妇女没有参与其他非政府组织项目[47,51]。该项目的实施周期是18个月，参与该项目的每名妇女会获得30千克的小麦粒并参与相关培训，持续18个月。完成一个周期后，会重新识别贫困妇女并进行下一轮帮扶，弱势群体发展项目的参与者只有一次机会参与该项目。从项目成效来看，参与弱势群体发展项目的妇女对权利和社会事务的认知能力有所提升，拥有的资产数量有所增加，无地现象有

---

① 1英亩＝0.4047公顷。——编者注

所减少，社区尊严和社会地位均得到提升，存款和收入均有所增加[51-52]。

初等教育津贴项目通过为农村贫困小学生及其家庭提供现金援助，提高贫困家庭子女小学入学率和毕业率，降低辍学率，减少童工并为妇女赋权[53]。参与该项目需要满足以下条件：一是参与者需为来自户主寡居、无人居住和赤贫的女户主家庭的子女，二是参与者家庭依赖临时性工作，三是参与者来自低收入家庭，四是参与者的家庭无地或者拥有的土地面积不超过 5 英亩[47]。就项目效果而言，Baulch 在其 2010 年的一项研究中评估了孟加拉国的初等教育津贴项目的中期影响，发现 2000 年到 2006 年，该项目几乎没有显示出改善小学入学率、家庭支出、热量或家庭蛋白质消费的迹象，但是该项目的实施在中期内对改善发育迟缓、耐用消费品消费和土地所有权拥有具有一定影响[54]。

孟加拉国社会保护方案的制定具有需求驱动的特点，纵观该国独立以来颁布的各类社会保护方案，既有对 1974 年饥荒，1987 年、1988 年和 1998 年洪灾等危机事件的回应，也有对 1990 年后新的民主愿望的回应，例如，20 世纪 90 年代初期的社会保护重点是女童教育，后期的重点是针对老年人和弱势妇女等边缘群体的津贴方案[55]。就妇女扶贫而言，孟加拉国的社会安全网项目无论是对帮助贫困妇女脱贫还是促进妇女赋权，都产生了积极作用。收入方面，剔除通货膨胀因素，社会安全网项目总体上使参与家庭的收入在 3 年内提升了 14.5%；家庭储蓄方面，受益家庭在储蓄习惯和实际储蓄金额方面具有明显改善，与对照家庭相比，储蓄量和储蓄习惯的改善率分别为 179% 和 113%；妇女赋权方面，联合国开发计划署对孟加拉国社会安全网项目的评估结果显示，安全网计划有助于提高妇女的家庭地位和社会流动性，提升妇女对经济活动的参与程度[55]。

第三节　国际组织妇女扶贫典型做法

一、以妇女赋权为特点的联合国模式

联合国妇女署致力于推进性别平等和增强妇女权能，在全球范围内开展工作，以帮助妇女和女童实现可持续发展目标。联合国妇女署工作重点包括四方面：一是提升妇女主导地位和对社会生活的参与度，使其平等地受益于治理体系；二是帮助妇女拥有安全的收入、体面的工作以及经济上的自主权；三是帮助全体妇女和女童

的生活远离任何形式的暴力；四是帮助妇女和儿童从预防自然灾害和冲突以及人道主义行动中平等受益[56]。由联合国妇女署主导实施的性别平等与妇女赋权行动对妇女脱贫具有重要意义，本书简要介绍部分项目以阐述联合国妇女署的妇女扶贫经验。

第一，将性别意识融入政策制定。政策层面，联合国妇女署主要进行了以下几方面的努力：一是在印度支持《达利特妇女生计责任倡议》，帮助被种姓制度边缘化的妇女参与圣雄甘地全国农村就业保障计划，2009年至2011年，参与人数从2 800人上升至14 000多人[57]；二是联合国妇女署通过与不同国家政府合作，推动实施能够让妇女群体受益的宏观经济政策，例如，帮助阿尔巴尼亚政府修订《经济援助和社会服务法》，承认妇女在经济方面的弱势，将被拐卖妇女、家庭暴力幸存者和申请离婚的妇女纳入能够获取补助金的群体[58]。

第二，为妇女提供创业就业培训。除了与部分国家和地区的有关组织合作，完善相关政策外，联合国妇女署还为妇女提供不同类型的培训，从多方面提高她们的能力。一是在埃塞俄比亚主导实施联合国性别平等联合计划，该计划向联邦小微企业机构（Federal Micro and Small Enterprises Agency）提供资金支持和有关价值链、业务发展等方面的培训。该机构已经对6 000多名女性进行了市场营销和企业管理方面的培训，帮助8 000名妇女利用信贷和储蓄服务来创办和建立企业[59]。二是与联合国难民署合作，在南高加索地区办事处开展培训项目，旨在向难民、人道主义身份持有者、寻求庇护者等提供创业方面的培训，并将潘基西峡谷的奇斯族少数民族妇女纳入项目，提高她们的生存和发展能力[60]。三是在越南的贫困地区举办培训课程，协助越南妇女联盟的1 400万名成员提高抵御洪水和其他高发自然灾害的能力，该项目是越南第一项旨在鼓励妇女参与减少灾害风险的反贫困计划[61]。

可以看出，联合国妇女署所进行的一系列努力不止针对在经济上贫困的妇女，也包括在能力、权利等多方面处于弱势的妇女。联合国妇女署所做出的一系列努力对于缓解妇女多维贫困具有重要意义。

二、以综合性减贫为特点的世界银行模式

世界银行集团由国际复兴开发银行（International Bank for Reconstruction and Development，IBRD）、国际开发协会（International Development Association，

IDA)、国际金融公司（International Finance Corporation，IFC）、多边投资担保机构（Multilateral Investment Guarantee Agency，MIGA）和国际投资争端解决中心（International Centre for Settlement of Investment Disputes，ICSID）五个机构组成。主要向发展中国家的政府提供资金、政策咨询和技术援助。世界银行集团的使命有两个：一是消除极端贫困，下一阶段的减贫目标是到 2030 年将极端贫困人口占全球人口的比例降低到 3%；二是促进共享繁荣，下一阶段的发展目标是提高各国最贫困的 40% 人口的收入水平[①]。世界银行与不同国家政府机构合作，在不同地区实施减贫项目，目标对象包括不同类型的贫困者，随着贫困研究和减贫行动的不断深入，贫困现象中的性别差异受到了越来越多的关注，在实施普适性减贫项目的同时，世界银行也推行了一些专门援助贫困妇女的减贫项目。本节将简要介绍瞄准极端贫困人口综合减贫方案（Targeting the Ultra Poor，TUP）以及萨赫勒地区妇女赋权和人口统计项目（Sahel Women's Empowerment and Demographics Project，SWEDP）。

（一）制定瞄准极端贫困人口综合减贫方案

"瞄准极端贫困人口"是世界银行自 2015 年以来在阿富汗开展的减贫项目，旨在使农村贫困家庭摆脱极端贫困，这些贫困家庭的特征之一是缺少固定收入来支付其日常开支。该项目在实施过程中运用了随机对照试验方法，试验组的救助方案包括四方面内容：一是为贫困家庭妇女提供生产性资产，主要是用于饲养的牛和羊；二是为贫困家庭妇女提供培训，培训内容包括生活技能、饲养技能和来自企业家的活动指导；三是为贫困家庭妇女提供每月 15 美元的现金津贴，以及 30 美元的基本医疗补助（内容涵盖基本卫生工具包和医疗费用的报销）；四是为贫困家庭妇女和当地小额信贷机构搭建渠道，帮助其开设储蓄账户并鼓励储蓄行为[62-63]。

该项目取得了显著的减贫成效，来自巴尔赫、喀布尔、坎大哈、库纳尔、拉格曼和塔克哈尔省的 7 500 个家庭（约 52 500 人）从中受益。值得一提的是，该项目的意义不仅仅在于帮助 5 万多人减轻贫困，还在于即使是在暴力和冲突持续存在、贫困根深蒂固的地区，此类减贫项目也取得了显著成效。项目评估结果主要包括以下几方面内容，一是极端贫困发生率大幅度减少；二是试验组消费水平明显改善，与对照组相比，试验组人均消费增加了 30%；三是培养了储蓄行为，尽管只有 2%

---

① Who we are [EB/OL]. [2020 - 08 - 08]. https：//www. worldbank. org/en/who - we - are.

的对照组家庭报告了储蓄额度（平均储蓄额为 1 美元），但是实验组 28% 的家庭培养了储蓄习惯，平均储蓄额度为 32 美元；四是 5 岁以下儿童的健康状况得到显著改善。该项目的评估结果表明，为贫困妇女赋权能够明显改善家庭整体贫困的境况[63]。

此外，分析该项目的实施过程不难发现，"瞄准极端贫困人口"与我国实施的精准扶贫战略极其相似，不同之处在于，我国的脱贫攻坚行动是针对所有绝对贫困者而言的，而该项目并非普适性项目，在实施之初就设计了试验组和对照组，对照组的家庭不能享受到项目带来的帮助，但这样做有利于更准确地评估项目的实施效果，为以后类似项目的实施提供参考。

（二）萨赫勒地区妇女赋权和人口统计项目

萨赫勒地区妇女赋权和人口统计项目是世界银行于 2014 年在萨赫勒地区开展的、旨在赋予妇女和女孩权能，使他们获得高质量的儿童和产妇保健服务，进而改善区域发展能力的项目[64]，项目截止时间是 2023 年，目前还在实施过程中。萨赫勒地区位于非洲北部撒哈拉沙漠和中部苏丹草原地区之间，横跨尼日利亚、马里等 10 个非洲国家[65]。该项目主要通过以下三方面内容为妇女和女孩赋权：第一，投资于女孩的继续教育，以强化 10～19 岁女孩的基本知识，增加其经济机会；第二，增强边远地区卫生工作者的能力，解决必备物品难以抵达边远地区的"最后一公里"问题；第三，加强人口统计和社会经济分析的能力以支撑区域决策[66]。

该项目投资总额 1.72 亿美元，无论是世界银行还是受援助地区政府都给予了该项目较高程度的重视。可以从以下几个指标观测到该项目的实施进度：第一，拥有人口红利观测站、已开始使用并作为区域观测站网络一部分的国家数量达到 6 个，目标值为 7 个；第二，拥有健康用品"最后一公里"分配模式且根据检查清单被认为是有效的国家或地区数量达到 4 个，目标值是 7 个；第三，目标地区助产士完成生殖健康区域统一课程培训的人数达到 6 682 人，目标值是 6 491 人；第四，受益于增强经济权能（专业培训、信贷、生产性资产赠款）干预措施的女孩和妇女人数达到 26 540 人，目标值为 56 760 人。

目前，为妇女和女孩赋权已经成为主流的妇女扶贫方式之一，与以往仅仅给不同类型的贫困妇女发放定额津贴不同，赋权的扶贫方式以增强贫困妇女和女孩的权利和能力为主，是一种"造血式"扶贫方式，目标是提升贫困妇女的自我发展能力，并为其创造机会改善生活。

第四节 "一带一路"国家妇女扶贫典型做法

一、以渐进式社会援助为特点的智利模式

智利位于南美洲，国土面积 75.67 万平方千米[67]，2019 年，智利总人口 0.19 亿人，实现国内生产总值 2 823 亿美元①。经过 30 年发展，智利成功跨越了"中等收入陷阱"，成为首个进入高收入国家行列的南美洲经济体[68]。1990 年，智利实现了政治民主化，消除贫困成为社会政策的主要目标之一，为此，智利颁布实施了"智利团结计划"（Chile Solidario）。"智利团结计划"是一个为极端贫困家庭提供社会保护的制度体系，该计划将援助和技能培训结合起来，目标是为贫困家庭提供"一揽子社会保护"。该计划减贫成效良好，按照世界银行标准，智利绝对贫困发生率从 1990 年的 8.1% 下降到 2013 年的 0.3%，按照智利本国贫困标准，贫困发生率从 1990 年的 38.6% 下降到 2017 年的 8.6%。

"智利团结计划"由智利政府在 2002 年 5 月提出，主要目标是将 2000 年 Ficha CAS-2②数据库里记录的所有极端贫困家庭纳入国家社会保护网。"智利团结计划"的实施方式与有条件的现金转移支付类似，参与"智利团结计划"需以家庭为单位，在 Ficha CAS-2 数据库筛选出极端贫困家庭后，工作人员会与这些家庭取得联系，邀请他们参与"智利团结计划"，同意参与该计划的家庭需要与智利政府签订"家庭协议"。"家庭协议"规定政府负责向参与家庭提供一系列服务和资源，参与家庭需利用当地社会网络所提供的机会，努力改善自身贫困的生活状态[69]。一个周期的帮助活动结束后，"智利团结计划"会对参与家庭在身份、健康、教育、家庭动态、住房条件、工作和收入 7 个维度下的 53 个具体指标进行考察，如果参与家庭的 53 个指标均达到了智利政府规定的最低标准，则认为该家庭已经摆脱极端贫困（表 3.5)[69]。

---

① 数据来自世界银行数据库。

② Ficha CAS-2 是智利对申请社会福利的家庭进行分类的工具，其本质是一个分数体系，每个家庭的分数在 350 分至 750 分之间浮动，该分数根据住房、教育、工作和净收入 4 类因素（包括 13 个变量）计算得到，得分越高，则该家庭的生活水平越低。Ficha CAS-2 数据的有效期为 2 年，2 年后需更新数据库。

表3.5 "智利团结计划" 7个维度53个考核指标

维度		摆脱极端贫困的阈值
1. 身份	1.1	在民事登记处记录在册
	1.2	拥有身份证
	1.3	拥有市政府有效的 CAS 表格
	1.4	最新兵役记录文件
	1.5	最新犯罪记录文件
	1.6	残疾人登记记录
2. 健康	2.1	在初级卫生保健单位注册
	2.2	近期产检
	2.3	7岁以下儿童接种最新疫苗
	2.4	儿童近期进行过体检
	2.5	35岁以上的女性接受妇科体检
	2.6	使用最新避孕方法
	2.7	老年人近期进行了体检
	2.8	及时检查慢性疾病
	2.9	残疾人正在参加康复计划
	2.10	所有家庭成员都知道预防性健康措施
3. 教育	3.1	学龄前儿童就读或申请学前班
	3.2	若儿童的母亲工作且家中无成年人照顾，则该儿童进入学前班就读
	3.3	儿童获得保育服务
	3.4	15岁以下的儿童入学
	3.5	学龄儿童申请补助
	3.6	12岁以上的孩子会读写
	3.7	残疾儿童进入教育机构
	3.8	一名成人负责儿童的教育并与学校保持联系
	3.9	成年人对教育有积极负责的态度
	3.10	成年人能读写
4. 家庭动态	4.1	关于日常生活、休闲和时间安排的日常交流
	4.2	拥有有效处理冲突的机制
	4.3	拥有分享和共同生活的明确规范

维度		摆脱极端贫困的阈值
4. 家庭动态	4.4	家庭劳动的公平分配（不分性别或年龄）
	4.5	拥有社区资源、网络方面的知识
	4.6	在发生暴力行为的情况下，能够参与相应的支持项目
	4.7	定期看望受到看护的儿童
	4.8	定期探访被监禁的青少年并支持他们康复
5. 住房条件	5.1	正规使用土地和房屋
	5.2	在有需要的情况下提交住房申请
	5.3	饮水安全
	5.4	能获得能源、电力、煤气等
	5.5	能进行充分的污水处理
	5.6	房屋能防止漏雨或防止洪水威胁
	5.7	家庭至少拥有两个可居住的房间
	5.8	拥有床和床上用品
	5.9	拥有烹饪设备和设施
	5.10	能够有效处理垃圾
	5.11	环境无污染
	5.12	获得用水补贴
6. 工作	6.1	至少有一名成年人从事正规带薪工作
	6.2	没有 15 岁以下的孩子因为打工而辍学
	6.3	在失业的情况下已到劳动局登记
7. 收入	7.1	获得家庭补贴（Subsidio Unico Familiar, SUF）
	7.2	获得家庭津贴（Asignación Familiar, AF）
	7.3	领取非缴费性养恤金（Pensión Asistencial, PASIS）
	7.4	家庭收入超过贫困线
	7.5	家庭预算与资源和优先事项一致

"智利团结计划"对极端贫困家庭的帮助是渐进式的，即在不同阶段实施不同的干预计划，使贫困者逐步建立自信、掌握技能、进入劳动力市场，通过劳动改善家庭收入情况，进而摆脱极端贫困的生存状态。由于贫困者往往不知道自己是否有资格参与以及如何参与社会援助项目[70]，同时，贫困者可能还由于受到长期的社

会排斥而存在自信心不足、内生发展动力不强等问题，因此需要社会工作者在社会援助项目的实施过程中，发挥纽带作用和引导作用，帮助贫困者加入国家社会保护网，"桥梁计划"的设计初衷即在于此。"桥梁计划"是"智利团结计划"帮助极端贫困家庭的第一阶段的内容，具体方式是由社会工作者向贫困家庭提供每天 1 小时的个性化心理辅导，帮助他们培养自信，克服障碍以充分获得社会服务和补贴。社会工作者是贫困家庭与社会救助机构之间的联系纽带，需定期对贫困家庭进行家访，"桥梁计划"的持续时间是 24 个月。

图 3.2 "智利团结计划"推进流程

在"桥梁计划"进行期间，参与家庭还会收到有条件的现金转移支付，"智利团结计划"体系下有条件的现金转移支付主要包括两类，一类是家庭单一补助，另一类是保护性资金。贫困家庭在参与"智利团结计划"第一阶段的社会心理支持活动时，在履行"家庭协议"的情况下，每月会收到一笔救济金，即家庭单一补助，救济金以递减的方式发放给家中妇女（女性家长或一家之主的妻子）：第一个 6 个月每月 1.05 万比索，第二个 6 个月每月 8 000 比索，第三个 6 个月每月 5 500 比索，第四个 6 个月每月 3 500 比索[71]。第一阶段 24 个月的援助计划完成后，如果参与家庭履行了"家庭协议"，摆脱了极端贫困，则援助活动进入第二阶段，即巩固成果阶段，此时参与家庭会收到一份与家庭单一补助金额相当的补助金，该项补助金发放时长为 3 年。如果参与家庭在参与第一阶段援助计划 12 个月后，没有履行"家庭协议"的规定，并且在收到救济金的情况下生活没有任何改善，则该家庭退出社会心理支持活动，并得到一份发放时长为 3 年、与家庭单一补助金额相等的保护性资金。3 年期限结束后，若该家庭决定继续履行"家庭协议"，则可以重新申请参与"智利团结计划"[71]。

此外，除了社会心理支持活动和有条件的现金转移支付外，参与"智利团结计划"的家庭还会收到其他保障性现金补贴和各类社会服务，这些服务的目标是帮助贫困者更好地融入社会。保障性现金补贴主要包括：一是家庭特别补贴，发放给贫困家庭，补助金的受益人按"母亲—父亲—监护人或照管孩子的人—照顾任何年龄的精神残疾者并自费生活的自然人"的顺序排列；二是面向老年人和残疾人的基本团结养恤金，是智利政府向 65 岁及以上且无领取退休金资格的人，以及向贫困家庭残障人士提供的养老金；三是饮用水和污水处理费补贴，是对饮用水和污水处理消费的额外补贴。提供的社会服务主要包括：一是技能培训服务，以使贫困者在劳动力市场上更有竞争力；二是残疾人支持服务，预防吸毒，帮助吸毒人员戒毒的服务；三是为家暴受害者提供帮助的服务。

"智利团结计划"的目标是在 2002 年至 2005 年帮助 21.45 万个贫困家庭，到 2004 年 8 月，工作人员已与 12.8 万个贫困家庭取得联系，其中有 94.7％的家庭同意参与该计划，在参与计划的贫困家庭中，中断率为 4.8％[69]。Neidhöfer 和 Niño - Zarazúa 通过研究发现，"智利团结计划"对极端贫困人口产生了积极而持久的影响，在贫困中度过童年并有资格参与该计划的个体，成年后的受教育水平和收入水平高于没有参与该计划的贫困者。同时，该计划对城市地区不同群体的影响既有相似之处也存在异质性，例如，该计划对城市地区贫困男性和女性教育的影响是相似的，但是对男性劳动收入具有显著的正向影响，而对贫困母亲劳动收入影响不显著，对没有孩子的妇女的劳动收入具有显著的正向影响[72]。Martorano 和 Sanfilippo 利用双重差分法估计了"智利团结计划"的影响，研究结果验证了该计划的有效性，"智利团结计划"能够从减贫、劳动力市场参与和公共资源获得方面帮助贫困家庭，此外，对于提升儿童的入学率、改善儿童福利也具有积极影响[73]。

"智利团结计划"是一个综合性减贫方案，智力政府认为，贫困具有多个层次，即收入低仅仅是贫困的众多表现之一，人力资本和社会资本匮乏、家庭脆弱性高也是造成贫困的主要因素[73]。因此，"智利团结计划"在设计时充分考虑了贫困的多维度特征，从身份、健康、教育、家庭动态、住房条件、工作和收入 7 个维度出发制定了全面的帮助措施，该计划具有如下政策启示：第一，采用渐进式社会保护手段，充分考虑贫困者的心理和行为特点，把社会心理支持作为项目初期的实施内容。贫困者往往意识不到自己具有哪些权利，能够参与哪些社会保护项目，以及如何参与这些项目，以建立贫困者和国家社会保护网之间的纽带为主要目标的"桥梁计划"

很好地解决了上述问题；第二，从"智利团结计划"的流程来看，第一阶段的帮助措施侧重于心理支持和能力培养，第二阶段的帮扶措施主要是提供资金支持让贫困者自力更生，符合贫困家庭摆脱贫困的一般规律；第三，针对可能无法履行"家庭协议"的参与家庭，"智利团结计划"设计了相应的惩罚机制，即社会心理支持活动被停止，无法履约的家庭会收到一笔发放期为3年的保护性资金，与美国TANF的严格惩罚机制（一旦违约就停止所有资助活动）相比，"智利团结计划"对违约家庭的惩罚程度相对较轻，从而能在一定程度上避免违约家庭因资助活动停止而陷入更加深度的贫困中。

二、以增强妇女权能为特点的巴基斯坦模式

巴基斯坦位于南亚地区，国土面积79.61万平方千米[74]，2019年，总人口2.17亿人，实现国内生产总值2 782亿美元①。独立之初，巴基斯坦国民贫困现象严重，经过数10年的社会经济发展和反贫困实践，贫困情况得以改善，1987年至2015年，按照世界银行贫困标准，巴基斯坦贫困发生率从62.2％下降到3.9％，按照巴基斯坦国家贫困标准，贫困发生率从1998年的57.9％下降到2015年的24.3％，即2015年巴基斯坦接近1/4国民的生活处于国家贫困标准之下。同时，巴基斯坦的妇女贫困现象仍然比较严重，一方面，巴基斯坦经济发展水平和公共服务水平在地区之间存在不平衡的情况，造成了部分妇女在经济、教育和健康方面的贫困问题；另一方面，长期形成的社会性别规范导致巴基斯坦妇女与男性之间存在一种系统性的从属关系，根植于社会文化之中的父权价值观致使巴基斯坦妇女在社会生活的多个领域面临着不同程度的性别歧视。基于上述背景，巴基斯坦政府于2008年7月开始实施国家社会安全网项目——贝纳齐尔收入支持计划（Benazir Income Support Program，BISP），BISP是南亚最大的社会保护项目，BISP通过385个区办事处，33个部门办事处和6个地区办事处在全国范围内运作。该项目的愿景是通过建立全面的社会保护网，消除贫困，提高社会边缘化群体、弱势群体、特别是妇女的地位。BISP致力于通过采用多种社会保护手段来消除贫困，旨在为长期被排斥和被剥夺的家庭生活带来可持续的积极变化。本书通过介绍BISP来阐述巴基斯坦妇女扶贫的主要做法。

---

① 数据来源于世界银行。

BISP 的短期目标是稳定消费，缓解粮食危机和通货膨胀对极端贫困者的负面影响，长期目标是向贫困者提供最低收入一揽子计划，以消除极端贫困和长期贫困、发展人力资本和赋予妇女权能[75]。BISP 利用全国贫困记分卡得分结果来确定极端贫困者，全国贫困记分卡调查是由巴基斯坦政府主导发起的一项贫困调查，由访问员进入各个家庭发放贫困记分卡（图 3.3），参与家庭成员根据自身情况如实填写，有资格参与 BISP 的家庭需要满足以下两个条件：一是贫困记分卡得分低于16.17 分；二是该家庭中至少有一名已婚妇女持有有效的计算机国民身份证（Computerised National Identify Card，CNIC)[76]。

BISP 主要通过现金转移的方式帮助贫困者，包括无条件现金转移支付和有条件现金转移支付两种，其中，无条件现金转移支付的受益人为拥有有效 CNIC 家庭中的所有已婚妇女，受益人可以每月通过 BISP 借记卡或接受巴基斯坦邮政公司直接送到门口的汇票，无条件获得 BISP 的补助金，补助金按季度发放，2015 年 7 月起，发放金额从最初的 3 000 卢比/季度增加到 4 698 卢比/季度[77]。

有条件的现金转移支付项目包括侧重于提升贫困家庭儿童入学率的 Waseela‐e‐Taleem、侧重于促进贫困妇女创业的 Waseela‐e‐Haq 和侧重于为贫困妇女提供医疗保健服务的 Waseela‐e‐Sehat[78]，每个项目的受益条件是根据项目的帮扶重点设置的，受益人只能在满足受益条件的情况下获得救助金。例如，Waseela‐e‐Taleem 的受益条件是，参与家庭必须保证家中 5～12 岁儿童在学校每个季度的出勤率至少达到 70%，若达标，则每个家庭的儿童每月会获得 750 卢布的现金[77]，若连续 3 个月儿童在学校的出勤率不达标，则参与此项目的家庭会被除名，此外，该项目对每个家庭有资格参加该方案的儿童人数没有限制。

巴基斯坦的 BISP 在项目内容与实施方式方面与美国、巴西、孟加拉国等国家的现金转移支付计划存在诸多相似之处。2010 年，巴基斯坦政府与牛津政策管理公司签订了关于 BISP 项目评估的协议，之后，牛津政策管理公司为 BISP 项目制定了评估战略，在 5 年内收集了 4 轮定量和定性数据用于政策评估，并于 2017 年提交了该项目的最终评估报告，给出了关于无条件现金转移支付项目和有条件现金转移支付项目的科学评估结果。至此，关于 BISP 项目的设计、实施和评估能够对如下问题作出完整回答：以妇女为受益对象的无条件和有条件的现金转移支付项目，在教育、健康、就业等方面能够为贫困家庭带来多大程度的影响？

Simple Poverty Scorecard® Poverty-Assessment Tool

Interview ID: _____	**Name**	**Identifier**
Interview date: _____	Participant: _____	_____
Country: PAK	Field agent: _____	_____
Scorecard: 002	Service point: _____	_____
Sampling wgt.: _____	Number of household members: _____	

Indicator	Response	Points	Score
1. In what province does the household live?	A. Balochistan	0	
	B. Northwest Frontier Province	9	
	C. Sindh	11	
	D. Punjab or Islamabad	12	
2. How many household members are 13-years-old or younger?	A. Five or more	0	
	B. Four	6	
	C. Three	11	
	D. Two	15	
	E. One	22	
	F. None	31	
3. How many children ages 5 to 13 attend school?	A. Not all	0	
	B. All, or no children ages 5 to 13	5	
4. How many household members work in elementary occupations (not senior officials, managers, professionals, technicians or associated professionals, clerks, salespeople, service or shop workers, skilled workers in agriculture or fishery, craft or trade workers, or plant/machinery operators)?	A. Two or more	0	
	B. One	5	
	C. None	12	
5. What is the highest educational level completed by the female head/spouse?	A. Less than Class 1 or no data	0	
	B. No female head/spouse	4	
	C. Class 1 or higher	6	
6. What is the main source of drinking water for the household?	A. Others	0	
	B. Hand pump, covered/closed well, motorized pump/tube well, or piped water	3	
7. What type of toilet is used by your household?	A. None or other	0	
	B. Flush connected to pit/septic tank or open drain	2	
	C. Flush connected to public sewerage	4	
8. Does the household own a refrigerator or freezer?	A. No	0	
	B. Yes	12	
9. Does the household own a television?	A. No	0	
	B. Yes	3	
10. Does the household own a motorcycle, scooter, car, or other vehicle?	A. No	0	
	B. Yes	12	
SimplePovertyScorecard.com		Score:	

图 3.3 巴基斯坦贫困记分卡式样[①]

---

① 资料来源: Schreiner M. Simple Poverty Scorecard Poverty - Assessment Tool: Pakistan [J]. SimplePovertyScorecard. com/PAK _ 2005 _ ENG. pdf, retrieved, 2016, 9.

根据牛津政策管理公司的评估结果，BISP 的成效如下：妇女赋权方面，BISP 使贫困妇女在家庭中以及在经济、社会、政治等领域的权能得到提升。BISP 设计的一个关键之处是将妇女作为直接受益人，接收项目的各类救助金，直接提高了妇女对资源的控制能力，评估结果显示，受益家庭妇女在一定程度上保留了对 BISP 现金的控制权，提升了妇女对家庭决策的参与程度，妇女在地方或全国选举中的投票比例有所增加，同时，BISP 也增加了妇女在社区内的流动性；减贫成效方面，BISP 使受益家庭的贫困发生率显著降低，但是，没有证据显示 BISP 缩小了巴基斯坦的贫困差距[①]；家庭消费方面，BISP 受益家庭成人人均月消费平均增长 188 卢比，这一增长主要是由非食物消费推动的，研究结果显示，受益人食品消费支出水平变化不明显，但是住房方面的相关支出在统计意义上显著增加。同时，BISP 对巴基斯坦不同地区家庭人均消费的影响存在异质性，例如，BISP 导致旁遮普省和开伯尔—普什图省的人均月消费支出增加，但对信德省或俾路支省的消费支出没有影响。家庭资产方面，BISP 使拥有电视机、自行车、灶具、洗衣机和取暖设备的家庭比例显著增加，增长比例分别为：电视机 14％，自行车 7％、灶具 12％，洗衣机 13％，取暖设备 4％。

第五节 总结与启示

本章梳理了美国、巴西、孟加拉国、智利、巴基斯坦和欧盟 6 个国家和地区，以及联合国、世界银行 2 个国际组织在妇女扶贫方面的典型做法，通过梳理发现，目前能够帮助贫困妇女脱贫的主要做法有以下几个：第一，通过税收、有条件的现金转移支付等方式减少贫困妇女家庭的税收负担或提供现金补贴，对妇女的现金补贴可以提升妇女的资源控制能力，改善妇女在家庭中的地位；第二，通过营养食品补给、体检等方式改善贫困妇女及其子女的健康状况；第三，通过补贴贫困妇女的方式改善其子女的在校出勤率和健康状况，阻断贫困的代际传递并促进贫困儿童人力资本的早期积累；第四，通过技能培训、心理咨询等方式帮助贫困妇女提升技

---

① 牛津政策管理公司用来衡量贫困差距的指标是贫困差距率，其指的是居民消费支出与贫困线之间的平均差距。

能、建立自信进而更好地融入社会；第五，通过科学研究、实地调研等方式，为妇女赋权提供有效的方案，在政策制定层面发挥作用，推动更多有效政策的制定。通过梳理国际妇女扶贫经验，可以获得如下启示：

第一，逐步构建社会安全网络，建立由社保、民政、妇联等部门共享互通的统一数据库，加大部门间协作帮扶力度，提高政策效益。2020 年我国脱贫攻坚行动的完成将标志着我国妇女绝对贫困现象的消失，届时多维贫困和相对贫困将成为妇女贫困的主要表现形式，妇女扶贫的重点也将逐渐从物质层面转向精神层面与物质层面并重，妇女扶贫的内容也将涉及社会生活的方方面面，因此有必要针对妇女自身特点，构建以帮扶贫困妇女为目标的社会安全网络，强化各个有关部门的通力协作，从多个方面保障贫困妇女的生存和发展，使其免于遭受来自社会和家庭的剥夺。

第二，应大力推动妇女扶贫研究与妇女扶贫实践的深度融合，以及现有研究成果在未来妇女扶贫实践中的应用。近年来，随着全社会对贫困问题重视程度的增加，和学术界对贫困与反贫困的研究不断深入，国内外涌现出一大批具有借鉴意义的研究成果。这些研究成果多从细节入手，运用随机对照试验等方法，对不同类型减贫干预措施的效果进行研究，以寻找有效的减贫政策。日后我国在治理妇女贫困问题时可以借鉴已有的研究成果，制定更加有效、成本效益高的政策来帮助贫困妇女，并且注重积累减贫过程中的数据资料以评估政策实施效果。

第三，探索妇女赋权新路径。可以看到，妇女赋权不但是推动贫困妇女摆脱贫困的有效手段，而且是经济增长和社会发展的新动能之一。由于历史文化差异，不同国家贫困妇女所处的境遇也有所不同，因此有必要结合我国特定的文化传统，探索为我国贫困妇女赋权的新路径，并在政策措施试点实施的过程中引入随机对照试验方法，积累研究数据和资料支撑有关学术研究的开展，为后续妇女赋权行动的开展提供科学依据和有效参考。

参考文献

[1] 美国 [EB/OL]. [2020 - 08 - 08]. https://baike. baidu. com/item/％E7％BE％8E％E5％9B％BD/125486？ fr＝aladdin.

［2］ Annual report on US consumption poverty［EB/OL］.［2020 - 08 - 08］. https://www. aei. org/research - products/report/annual - report - on - us - consumption - poverty - 2018/.

［3］ Poverty and Spending Over The Years［EB/OL］.［2020 - 08 - 08］. http://federalsafety-net. com/poverty - and - spending - over - the - years. html.

［4］ U. S. Poverty Statistics［EB/OL］.［2020 - 08 - 08］. http://federalsafetynet. com/us - poverty - statistics. html.

［5］ U. S. Welfare Programs［EB/OL］.［2020 - 08 - 08］. http://federalsafetynet. com/us - welfare - programs. html.

［6］ Margot L. Crandall - Hollick. The Earned Income Tax Credit（EITC）：A Brief Legislative History［R］. Washington D. C. ：Congressional Research Service，2018 1 - 1.

［7］ Basic Qualifications［EB/OL］.［2020 - 08 - 08］. https://www. eitc. irs. gov/eitc - central/about - eitc/basic - qualifications/basic - qualifications.

［8］ About EITC［EB/OL］.［2020 - 08 - 08］. https://www. eitc. irs. gov/eitc - central/about - eitc/about - eitc.

［9］ 杨得前，彭文栋，肖莹. 美国家庭援助计划研究及其对我国的启示［J］. 中国行政管理，2017，33（11）：145 - 150.

［10］ Temporary Assistance for Needy Families 12th Report to Congress，Fiscal Years 2014 and 2015［R］. Washington D. C. ：U. S. Department of Health and Human Services Administration for Children and Families Office of Family Assistance，2016：1 - 1.

［11］ TANF and MOE Spending and Transfers by Activity，FY 2018（Contains National & State Pie Charts）［EB/OL］.［2020 - 08 - 08］. https://www. acf. hhs. gov/ofa/resource/tanf - and - moe - spending - and - transfers - by - activity - fy - 2018 - contains - national - state - pie - charts.

［12］ The Temporary Assistance for Needy Families（TANF）Block Grant：Responses to Frequently Asked Questions［EB/OL］.［2020 - 08 - 08］. https://www. everycrsreport. com/reports/RL32760. html.

［13］ Victor Oliveira Elizabeth Racine Jennifer Olmsted Linda M. Ghelfi. The WIC Program Background，Trends，and Issues［R］. Washington D. C. ：United State：Department of Agriculture，2002：1 - 3.

［14］ About WIC—WIC at a Glance［EB/OL］.［2020 - 08 - 08］. https://www. fns. usda. gov/

wic/about - wic - wic - glance.

[15] 刘娟. 美国 WIC 项目及对我国妇女儿童救助制度的启示 [J]. 人口学刊, 2011, 33 (6): 51 - 57.

[16] Social protection & social inclusion [EB/OL]. [2020 - 08 - 09]. https://ec. europa. eu/ social/main. jsp? langId=en&catId=750.

[17] EAPN National Poverty Watch Reports 2018: Summary of Main Findings and Recommendations [EB/OL]. [2020 - 08 - 09]. chrome - extension://ibllepbpahcoppkjjllbabh-nigcbffpi/https://www. eapn. eu/wp - content/uploads/2019/01/EAPN - 2018 - Poverty - Watch - Summary - web - version - 00. pdf.

[18] What is the ESF? [EB/OL]. [2020 - 08 - 09]. https://ec. europa. eu/esf/main. jsp? catId=35&langId=en.

[19] Giving a Chance to All [EB/OL]. [2020 - 08 - 09]. https://ec. europa. eu/esf/ main. jsp? catId=50&langId=en.

[20] Helping women On The Way to a professional future [EB/OL]. [2020 - 08 - 09]. https://ec. europa. eu/esf/main. jsp? catId=46&langId=en&projectId=3679.

[21] Jobs for the disadvantaged through recycling [EB/OL]. [2020 - 08 - 09]. https:// ec. europa. eu/esf/main. jsp? catId=46&langId=en&projectId=415.

[22] SUPPORTING LOCAL PARTNERSHIPS [EB/OL]. [2020 - 08 - 09]. https:// ec. europa. eu/esf/main. jsp? catId=54&langId=en.

[23] Women work towards independence and inclusion [EB/OL]. [2020 - 08 - 09]. https:// ec. europa. eu/esf/main. jsp? catId=46&langId=en&projectId=3619.

[24] What is EAPN? [EB/OL]. [2020 - 08 - 09]. https://www. eapn. eu/who - we - are/ what - is - eapn/.

[25] The way we are funded [EB/OL]. [2020 - 08 - 09]. https://www. eapn. eu/who - we - are/the - way - we - are - funded/.

[26] Objectives of the 2019 European meeting [EB/OL]. [2020 - 08 - 09]. https:// www. eapn. eu/this - years - meeting/.

[27] The Importance of Minimum Income Schemes in the Fight against poverty and social exclusion [EB/OL]. [2020 - 08 - 09]. chrome - extension://ibllepbpahcoppkjjllbabh-nigcbffpi/https://www. eapn. eu/wp - content/uploads/EMIN - presentation - 2 - page. pdf.

［28］ The European Minimum Income Network（EMIN2）2017—2018［EB/OL］.［2020 - 08 - 09］. https://www. eapn. eu/the - european - minimum - income - network - emin - 2 - 2017 - 2018/.

［29］ Guaranteed Minimum Income—nobody deserves less and everybody benefits［EB/OL］.［2020 - 08 - 09］. Chrome - extension://ibllepbpahcoppkjjllbabhnigcbffpi/https://em-innetwork. files. wordpress. com/2019/02/emin2 - eu - final - report - jan _ 2018. pdf.

［30］ 巴西［EB/OL］.［2020 - 08 - 08］. https://baike. baidu. com/item/％E5％B7％B4％E8％A5％BF/5422? fr＝aladdin.

［31］ Campoli J S, Alves Júnior P N, Rossato F G F S, et al. The efficiency of Bolsa Familia Program to advance toward the Millennium Development Goals（MDGs）: A human development indicator to Brazil［J］. Socio - Economic Planning Sciences, 2020, 71（C）.

［32］ 汪三贵. 巴西的有条件现金转移支付计划［N］. 学习时报, 2016 - 03 - 17（2）.

［33］ Rasella D, Aquino R, Santos C A T, et al. Effect of a conditional cash transfer programme on childhood mortality: a nationwide analysis of Brazilian municipalities［J］. The lancet, 2013, 382（9886）: 57 - 64.

［34］ Maternal and Child Undernutrition Study Group. Maternal and child undernutrition: global and regional exposures and health consequences［J］. Lancet, 2008, 371（9608）: 243 - 260.

［35］ "家庭补助金"收效好 巴西第一学期入学率达90％［EB/OL］.［2020 - 08 - 08］. https://brasilcn. com/article/article _ 26189. html.

［36］ Glewwe P, Kassouf A L. The impact of the Bolsa Escola/Familia conditional cash transfer program on enrollment, dropout rates and grade promotion in Brazil［J］. Journal of development Economics, 2012, 97（2）: 505 - 517.

［37］ Behrman J R. The International Food Policy Research Institute（IFPRI）and the Mexican PROGRESA anti - poverty and human resource investment conditional cash［J］. World Development, 2010, 38（10）: 1473 - 1485.

［38］ 亚历山德罗·平莎尼, 瓦尔基里娅·多米尼克·莱奥·雷戈, 高静宇. 巴西的扶贫政策: 家庭补助金计划对受益者的影响［J］. 国外理论动态, 2015, 25（8）. 88 - 97

［39］ De Brauw A, Gilligan D O, Hoddinott J, et al. The impact of Bolsa Família on women's decision - making power［J］. World Development, 2014, 59: 487 - 504.

［40］ De Brauw A, Gilligan D O, Hoddinott J, et al. Bolsa Família and household labor supply［J］. Economic Development and Cultural Change, 2015, 63（3）: 423 - 457.

［41］ Kiggundu, M. N. Anti‐poverty and progressive social change in Brazil：lessons for other emerging economies ［J］. International Review of Administrative ences, 2012, 78 (4)：733 - 756.

［42］ 2010 年研究报告第 6 期：孟加拉国减贫研究 ［EB/OL］. ［2020 - 08 - 08］, http://www. iprcc. org. cn/Home/Index/skip/cid/2428. html, 2019.

［43］ 陈松涛. 孟加拉国的贫困治理：经验与症结 ［J］. 印度洋经济体研究, 2018, 5 (1)：107 - 122＋141.

［44］ Khuda B. Social Safety Net Programmes in Bangladesh：A Review ［J］. Bangladesh Development Studies, 2011, 34 (17)：87 - 108.

［45］ 秦雪征. 社会安全网、自我保险与商业保险：一个理论模型 ［J］. 世界经济, 2011, 34 (10)：70 - 86.

［46］ 左停, 徐秀丽, 齐顾波. 构筑农村社会安全网：缓解农村贫困的战略性制度创新 ［J］. 中国农村经济, 2004, 18 (12)：53 - 58.

［47］ Ahmed I. Social safety nets in Bangladesh ［M］. Institute of South Asian Studies, National University of Singapore, 2013.

［48］ Khandker S R, Samad H A. Dynamic effects of microcredit in Bangladesh ［M］. The World Bank, 2014.

［49］ 王宇. 金融扶贫：国际经验与中国实践 ［J］. 金融理论与实践, 2018, 40 (2)：1 - 4.

［50］ 张睿. 格莱珉模式在美国的实践及启迪 ［J］. 金融发展研究, 2017, 36 (3)：83 - 85.

［51］ Hossain N. The politics of what works：the case of the Vulnerable Group Development Programme in Bangladesh ［J］. Available at SSRN 1629297, 2007.

［52］ Halder S R, Mosley P. Working with the ultra‐poor：learning from BRAC experiences ［J］. Journal of International Development, 2004, 16 (3)：387 - 406.

［53］ Tietjen K. The Bangladesh primary education stipend project：a descriptive analysis ［M］. Partnership on Sustainable Strategies for Girls' Education, 2003.

［54］ Baulch B. The medium‐term impact of the primary education stipend in rural Bangladesh ［J］. Journal of Development Effectiveness, 2011, 3 (2)：243 - 262.

［55］ Rahman H Z, Choudhury L A. Social safety nets in Bangladesh ［R］. PPRC‐UNDP, 2012.

［56］ About UN Women ［EB/OL］. ［2020 - 08 - 04］. https://asiapacific. unwomen. org/en/about‐us/about‐un‐women.

［57］ Rural women ［EB/OL］. ［2020 - 08 - 08］. https://www. unwomen. org/en/what‐we‐do/economic‐empowerment/rural‐women.

[58] Macroeconomic policies and social protection [EB/OL]. [2020‐08‐08]. https://www.unwomen.org/en/what‐we‐do/economic‐empowerment/macroeconomics‐policies‐and‐social‐protection.

[59] Employment and migration [EB/OL]. [2020‐08‐03]. https://www.unwomen.org/en/what‐we‐do/economic‐empowerment/employment‐and‐migration.

[60] Seed grants and training boost prospects for Georgian refugee women [EB/OL]. [2020‐08‐04]. https://www.unwomen.org/en/news/stories/2019/12/feature‐seed‐grants‐and‐training‐for‐georgian‐refugee‐women.

[61] Sustainable Development and Climate Change [EB/OL]. [2020‐08‐08]. https://www.unwomen.org/en/what‐we‐do/economic‐empowerment/sustainable‐development‐and‐climate‐change.

[62] From poverty reduction to women's economic and social inclusion: How a World Bank program is achieving remarkable results [EB/OL]. [2020‐08‐08]. https://blogs.worldbank.org/voices/poverty‐reduction‐women‐economic‐social‐inclusion‐world‐bank‐program‐achieving‐remarkable‐results.

[63] No Household Left Behind [EB/OL]. [2020‐08‐08]. http://documents.shihang.org/curated/zh/855831560172245349/pdf/No‐Household‐Left‐Behind‐Afghanistan‐Targeting‐the‐Ultra‐Poor‐Impact‐Evaluation.pdf.

[64] Burkina Faso‐Sahel Women Empowerment and Demographic Dividend Regional Project‐Additional Financing [EB/OL]. [2020‐08‐08]. https://www.worldbank.org/en/news/loans‐credits/2015/04/23/burkina‐faso‐sahel‐women‐empowerment‐and‐demographic‐dividend‐regional‐project‐additional‐financing.

[65] 萨赫勒 [EB/OL]. [2020‐08‐08]. https://baike.baidu.com/item/%E8%90%A8%E8%B5%AB%E5%8B%92/1592624? fr=aladdin.

[66] Benin Receives $90 Million to Invest in Women and Adolescent Girls' Empowerment to Boost its Human Capital [EB/OL]. [2020‐08‐08]. https://www.worldbank.org/en/news/press‐release/2019/01/25/benin‐receives‐90‐million‐to‐invest‐in‐women‐and‐adolescent‐girls‐empowerment‐to‐boost‐its‐human‐capital.

[67] 智利 [EB/OL]. [2020‐09‐08]. https://baike.baidu.com/item/%E6%99%BA%E5%88%A9/256376? fr=aladdin.

[68] 钟坚, 杨霁帆, 韩晓洁. 智利成功跨越"中等收入陷阱"启示 [J]. 开放导报, 2015, 24 (6): 74-78.

[69] Palma J, Urzua R. Anti-poverty Policies and Citizenry: The 'Chile Solidario Experience' [J]. Management of Social Transformations Policy Paper, 2005 (12).

[70] Galasso E. Alleviating extreme poverty in Chile: the short term effects of Chile Solidario [J]. Estudios de Economia, 2011, 38 (38): 101-127.

[71] 曹淑芹. 智利政府克服贫困的新举措——"智利团结计划" [J]. 拉丁美洲研究, 2005, 27 (4): 42-44+50.

[72] Neidhöfer G, Niño-Zarazúa M. The long (er) -term impacts of Chile Solidario on human capital and labour income [EB/OL]. [2020-09-01]. chrome-extension://ibllepbpahcoppkjjllbabhnigcbffpi/https://www. econstor. eu/bitstream/10419/190046/1/wp2017-201. pdf.

[73] Martorano B, Sanfilippo M. Innovative features in poverty reduction programmes: An impact evaluation of Chile Solidario on households and children [J]. Journal of International Development, 2012, 24 (8): 1030-1041.

[74] 巴基斯坦 [EB/OL]. [2020-09-13]. https://www. yidaiyilu. gov. cn/gbjg/gbgk/11084. htm.

[75] Benazir Income Support Programme (BISP) [EB/OL]. [2020-09-13]. https://www. devex. com/organizations/benazir-income-support-programme-bisp-73559.

[76] Nawaz S, Iqbal N. The impact of unconditional cash transfer on fuel choices among ultra-poor in Pakistan: Quasi-experimental evidence from the Benazir Income Support Program [J]. Energy Policy, 2020, 142 (7): 111535.

[77] Cheema I, Hunt S, Javeed S, et al. Benazir income support programme: Final impact evaluation report [EB/OL]. [2020-09-13]. https://www. ixueshu. com/document/4ad0192d007c3893318947a18e7f9386. html.

[78] Tahir M W, Kauser R, Bury M, et al. 'Individually-led' or 'female-male partnership' models for entrepreneurship with the BISP support: The story of women's financial and social empowerment from Pakistan [C]//Women's Studies International Forum. Pergamon, 2018, 68: 1-10.

第四章 妇女贫困理论基础与分析框架

妇女贫困存在多个维度，具有复杂性强和隐蔽性强等特征，女性贫困发生率普遍高于男性使妇女贫困问题开始受到广泛关注，并逐渐演变成贫困研究的一个分支。长期以来，学者们将妇女研究与贫困研究结合起来，针对妇女贫困进行了诸多有益探索，形成了一批颇具借鉴意义的研究成果。本章第一节简要回顾了妇女贫困研究的理论基础，包括贫困理论、减贫理论以及性别平等与妇女赋权理论；结合上述理论成果，在借鉴以往研究的基础上，构建妇女贫困分析框架和妇女扶贫分析框架，希望能为后续妇女贫困研究提供参考。

第一节 理论基础

本书聚焦于农村妇女扶贫这个主题，以农村贫困妇女为主要研究对象，研究内容属于贫困研究和妇女研究的交集，理论基础主要来源于三部分：贫困理论、减贫理论、性别平等与妇女赋权理论，本节将对上述理论作简要回顾，以便为后续研究工作提供支撑。

一、贫困理论

作为发展经济学领域的核心主题之一，学者们对贫困的关注由来已久，并开展了大量研究工作。贫困理论至少包括以下几方面内容：收入贫困、权利贫困、能力贫困、心理贫困和多维贫困。上述理论主要回答了三个问题：什么是贫困？是什么导致了贫困？如何测度贫困？详述如下：

（一）收入贫困

饥饿是人们对贫困的最初认识，1902 年，英国学者 Rowntree 在 *Poverty：a study of town life* 一书中首次给出了贫困的定义，即贫困指的是总收入水平不足以获得仅仅维持身体正常功能所需的最低生活必需品，包括食物、住房、衣物及其他生活必需品[1]，为贫困的量化研究奠定了基础[2]。收入贫困理论的核心变量是个体或家庭的经济收入，以收入水平能否满足基本生存需求作为衡量贫困的标准，认为收入水平低是贫困的主要成因，揭示了贫困的一般性规律。然而，由于受到当时社会发展条件的限制，收入贫困理论没有深入探讨贫困者为什么收入水平低。在之后的研究中，学者们从经济学角度进一步探讨了贫困者收入水平低的原因，宏观层面的经济发展水平、基础设施建设情况、地区自然资源禀赋、技术水平、社会保障水平、分配制度等，微观层面的个体受教育程度、健康水平、对劳动力和产品与服务市场的参与程度等均是影响贫困者收入水平的因素[3,4,5]。同时，收入水平低会导致贫困者对健康的投资水平偏低，进而导致身体状况不佳，而健康状况不佳又会进一步影响收入水平，进而陷入贫困的"恶性循环"[6]。

（二）权利贫困

权利贫困最早由 Sen 提出，他将一定政治经济背景下权利集合内的元素被剥夺作为贫困分析的出发点，认为贫困是权利被剥夺到一定程度的结果[2]。权利贫困理论认为，收入低仅仅是贫困的表现，而非贫困的本质。贫困本质上是由权利或其他条件的缺乏造成的[7]，Sen 所谓的权利体系包括交换、生产、雇佣和继承等权利，即一个人有权利将自己的商品与他人交换，有权利利用自己拥有的或租用的生产要素进行生产，有权利进行自我雇佣或被他人雇佣，有权利继承财产或接受赠予[7]，当上述权利全部或部分被剥夺的时候，一个人可以获得的包括食物在内的商品数量就会受到影响，进而增加饥饿的发生率，导致贫困的出现。也就是说，权利的不平等和分配的不平等产生了饥饿，消灭饥饿首先要消灭不平等，想要消灭贫困就需要在生产、交换、流动等方面给贫困者赋权[8]。与权利贫困观点相近的还有制度性贫困，即制度缺陷是导致贫困的根本原因，以基本经济制度为基础的分配制度、就业制度、社会保障制度等制度层面的因素导致经济社会资源在不同区域、不同群体间分配不公，从而造成部分区域和群体的贫困[9]。权利贫困理论将贫困的成因从无法获取足够的收入上升到获取收入的权利被剥夺或被破坏，将贫困研究从经济学领域拓展到政治学和社会学领域，加深了人们对贫困问题的理解。

（三）能力贫困

能力贫困理论最早由 Sen 提出，继权利贫困理论之后，Sen 在其专著《以自由看待发展》中提出，贫困是由基本可行能力被剥夺造成的[4]。Sen 在解释可行能力的含义之前，首先介绍了功能性活动（functionings）的概念，功能性活动是指一个人的日常生活基本能力，基本功能性活动包括营养充足、无重大疾病等，更复杂的功能性活动包括有能力参与社区活动、拥有自尊等。可行能力指的是对于某人而言可行的功能性活动的集合[4]。一个人若想满足基本的生存需求，能够获取足够的食物、衣服等生活必需品是其必备的可行能力，获取的方式包括通过耕种等方式自给自足，通过有偿出让劳动力或其他物品的方式赚取收入进行购买，或者获得赠予，如果上述方式都无法达到，那么一个人将不可避免地陷入贫困。对基本可行能力的剥夺可以表现为过早死亡、严重的营养不良、长期流行疾病发生、大量的文盲现象等等[4]，而收入过低无法获取各类资源、受教育水平低或文盲、健康状况不佳均是造成基本可行能力被剥夺的原因。认识到基本可行能力的缺失是贫困的主要成因，是贫困领域研究的一大进步，此后，人们逐渐认识到，贫困除了收入低下以外还包括其他特征，如健康状况不佳、受教育水平低、无法获取公共服务资源、无安全住房等等，贫困的概念也逐渐从一维过渡到多维，能力贫困理论为多维贫困研究奠定了理论基础。

（四）心理贫困

心理贫困指的是不利于贫困阶层摆脱贫困的心理与行为模式，即抱负与志向缺位，理念和意识扭曲，能力与行为方式错位，易做出不利于脱贫的决策行为，进而陷入"贫穷—特定心理与行为模式—继续贫穷"的恶性循环[10]。心理贫困是由物质贫困导致的认知、心理和思想的扭曲，一旦形成就独立于外部物质环境，会使贫困者难以走出物质贫困[11]。Shah 等指出，贫困者有着一种不同于其他人的心理行为特征，这种心理行为特征会加剧他们的贫困。之后，Shah 等通过研究进一步发现，稀缺性改变了人们分配注意力的方式——它导致人们过度关注某些问题而忽略其他问题[10,12]。与之类似的观点还有针对贫困心态的研究，贫困心态是一种"拥有的经济资源"难以满足自身"需要"的感觉，是稀缺心态的一种表现形式[13]。稀缺理论认为，稀缺状态下人们头脑中想的都是那些最迫切的需要，此时更容易做出

"短视"的决策。因此，在经济资源极度匮乏和认知资源有限的情况下，贫困者会因过度关注跟经济收入相关的事项而忽略其他重要事情，进而做出不恰当的经济决策[13]。物质贫困和心理贫困还会导致贫困文化的形成，美国人类学家 Lewis 在其著作中解释了贫困文化的概念，他认为这个概念仅用于在社会经济尺度下的最底层人群。贫困文化指的是在社会中，穷人因贫困在生活方式、居住环境等方面形成一种独特的结构，这种结构促进了穷人之间的集体活动并使其得到加强和稳固，进而形成一套特有的价值观念和思维模式，并与社会主流文化相隔离，在长期中形成了一种贫困亚文化[14]，不利于贫困者的自身发展和向上流动[15]。

（五）多维贫困

多维贫困理论是在 Sen 的权利贫困理论的基础上发展而来的，权利贫困理论、能力贫困理论和心理贫困理论主要阐述了贫困的表现和成因。上述理论都表明，收入低仅仅是贫困的一个货币性维度，贫困还存在其他非货币性维度，此外，上述理论虽然阐明了贫困的多种成因，但是诸如可行能力、权利等因素过于抽象，难以测度，给贫困的度量带来难度。从贫困理论走向减贫实践，还需要具有可操作性的方法来度量贫困，以便在大众中识别出贫困人口进而实施相应的减贫行动，多维贫困理论提供了一种可以从多个维度测度贫困的方法。究竟从哪些维度来衡量贫困可以既具有可操作性又能更好地反映出一个人的贫困情况，学术界进行过大量争论，例如，Nussbaum 基于 Sen 的权利贫困理论构建了人类发展的基本能力清单，并在2003 年提出了有尊严生活的十项基本能力，包括生命、身体健康、机体完整、理智、想象和思考、情感、实践理性、友好关系、娱乐、对自身环境的控制十个维度[16]，但是这十个维度相对抽象，且不易获得测量数据。1997 年，联合国计划开发署提出人类贫困指数（Human Poverty Index，HPI），针对发达国家和发展中国家分别采用不同指标，其中发展中国家的 HPI 侧重对绝对贫困水平的度量，涵盖寿命、读写能力和生活水平三个维度，发达国家的 HPI 侧重对相对贫困水平的度量，包括寿命、16 至 65 岁中缺乏技能的人口占比、人均可支配收入低于平均水平的人口占比和失业率四个维度；2007 年 Alkire 和 Foster 以 Sen 的能力贫困理论为基础，参考联合国《千年发展目标》，合作开发了 Alkire - Foster 多维贫困指数（Multidimensional Poverty Index，MPI），覆盖健康、教育和生活水平三个维度，包括十个指标。2019 年公布的版本中，健康维度包括营养和儿童死亡率两个指标，教育维度包括受教育年限和出勤率两个指标，生活水平维度包括做饭的燃料、环境卫生、饮用水、用电、住房和资产五个指标[17]。Alkire - Foster 多维贫困指数编制方法公布后，替代了之前的 HPI 成为测度多维贫困的主流方法。在之后的研究中，部分学者根据研究目标不同及数据的可获得性对个别指标进行过调整，但是基本都沿用了 Alkire - Foster 多维贫困指数的理论框架。

二、减贫理论

寻找有效的减贫手段是减贫理论需要面对的核心问题，长期以来，随着对贫困认识的不断深入和减贫实践的不断推进，减贫理论体系得到了发展和完善，已有的减贫理论大体上可以分为四类：以经济发展为核心的减贫理论、以制度建设为核心的减贫理论、以赋权为核心的减贫理论和以提升人力资本为核心的减贫理论。具体来看：

（一）以经济发展为核心的减贫理论

以经济发展为核心的减贫理论认为经济发展是减贫的第一动力，贫困会在经济增长过程中自行缓解和消除。代表性观点是涓滴效应（又称滴漏效应），该理论认为通过经济重构（建立市场经济）等方式加快经济发展，只要不断做大经济这块蛋糕，贫困问题就会通过经济的"渗漏"得到解决[18]。所谓"渗漏"，指的是在经济发展过程中，优先发展起来的群体或地区会通过消费、就业等渠道带动贫困阶层或地区的发展，尽管这种带动作用可能只会给贫困阶层或地区带来小额的收益，但是，这种收益会随着经济的不断增长而如同水的涓滴一样不断累积，最终积少成多，进而自动改善贫困群体的收入状况，达到减贫甚至消除贫困的目的。涓滴效应减贫理论的核心观点是，市场经济的发展能够使贫困现象自动缓解甚至消除，默认市场机制的自动调节作用能够使贫困者在经济发展过程中受益，从而走出贫困。

但也有学者质疑，涓滴效应过度肯定了市场机制在国家财富分配中所发挥的作用，事实上，如果政府不干预收入分配，任由市场经济在涓滴效应下的自由发展，只会出现富者更富，贫者愈贫的马太效应[18]。毫无疑问，经济增长能够带来更多就业机会，是缓解贫困的强大动力，但是减贫并不能完全依赖经济增长，还需要其他干预措施跟经济增长共同发挥作用，进而更好地促进财富向贫困群体流动。

（二）以制度建设为核心的减贫理论

以制度建设为核心的减贫理论认为制度建设是减贫的关键，代表性观点有以下两个，一是马克思主义减贫理论，二是"收入再分配"减贫理论。马克思主义减贫理论认为，资本主义制度是造成贫困的根源，在资本主义制度下，资本家组织生产的目的是为了攫取更多剩余价值，无产阶级由于没有生产资料所有权，只能通过为资本家工作的方式获取收入，但其所得到的收入仅仅是他们所创造价值中的一小部分，剩余价值均被资本家占有，即由无产阶级创造的绝大部分财富最终并没有流向无产阶级。马克思主义减贫理论从资本主义生产实质出发，解释了无产阶级贫困的原因，并认为只有推翻资本主义制度，才能消灭贫困。马克思主义减贫理论从分析资本主义制度出发，揭示了无产阶级贫困的历史规律，对分析世界范围内的贫困问题具有重要的参考意义。

"收入再分配"减贫理论认为经济发展并不能同等地惠及穷人和富人，因此需要政府介入，通过立法的方式进行社会财富再分配，建立收入再分配制度是减贫的关键。"收入再分配"减贫理论来源于福利经济学，1920 年，英国经济学家 Pigou 出版的《福利经济学》提到，国民经济福利的影响因素有两个，一是国民收入水平，二是国民收入在社会成员中的分配情况[18]，可以通过提高国民收入水平和向穷人转移社会财富，即收入再分配的方式来增进国民的普遍福利。收入再分配制度的实践成果是社会保障制度，社会保障制度对于减贫的意义在于通过二次分配社会财富的方式来保障贫困者的基本生活，对维护社会公平发挥了重要作用。

（三）以赋权为核心的减贫理论

以经济发展和制度建设为核心的减贫理论主要停留在宏观层面，对贫困者个体层面关注较少，同时，也不能解释为什么部分国家实现了经济的高速发展却依然存在严重的贫困现象，为什么有的发达国家社会保障制度已经非常完善，但是部分民众的贫困问题依然没有得到有效缓解。

以赋权为核心的减贫理论认为贫困者之所以贫困是因为他们没有平等参与政治、经济、社会和文化活动的权利，其理论基础来源于 Sen 的权利贫困理论和赋权理论（Empowerment Theory）。赋权理论最初来源于社会工作领域，由于以该理论为指导的实践模式颇具可行性和建设性，赋权理论开始被引入减贫研究领域[18]。赋权减贫旨在通过为贫困者创造平等的发展机会来实现减贫目标，赋权意味着增强个人或群体做出有目的选择的能力，并将这些选择转化为期望的行动和结果[19]。赋权还意味着增加贫困者的资产，提升他们的能力，以使其能够参与跟个人生活息息相关的组织活动，并且在活动中拥有话语权[20]。赋权的实质在于赋予贫困人群与其他个人、群体同等参与经济、政治、社会和文化发展并享有成果的权利[18]。也就是说，赋权的含义既包括赋予权利，也包括增强能力。赋权减贫理论从贫困者个体的角度出发探索减贫路径，对于降低社会排斥，帮助贫困者融入社会生活具有重要意义。赋权超越了物质层面，开始从权利和发展机会的角度研究减贫，是对以经济增长、制度建设推动减贫的理论补充，也是一项里程碑式的创新。

（四）以提升人力资本为核心的减贫理论

以提升人力资本为核心的减贫理论是在 Sen 的能力贫困理论和 Schultz 的人力资本理论的基础上形成的。Sen 的能力贫困理论已在前文中介绍过，核心思想是基本可行能力不足造成了贫困。Schultz 首次提出了人力资本的概念，他认为人力资本包括劳动力的数量与质量，其中劳动力的质量表现为劳动者的生产能力，提升劳动者生产能力的活动也被称作是人力资本投资活动，主要包括 5 种，分别是与劳动者健康相关的活动、企业培训活动、学习教育活动、成人学习项目、个人和家庭为工作机会而进行的迁徙[21]。Schultz 认为，一个人或一个国家之所以贫困落后，根本原因在于人力资本的匮乏[18]。同时，一个人人力资本的拥有情况对可行能力的高低具有决定性作用，贫困人口的人力资本不足会使得他们没有能力去获取更多收入来改善生活水平，因此想要实现减贫目标应该着眼于提升贫困人口的人力资本，为他们的健康、教育和培训投资，增强主体意识的同时发挥他们的主观能动性，以实现其人力资本的提升，进而增加有助于走出贫困的可行能力。以提升人力资本为核心的减贫理论将关注点放在贫困者的人力资本水平上，基本逻辑是通过人力资本投资增强他们的可行能力，与赋权减贫理论存在相似之处，但是赋权减贫更强调贫困者所拥有的权利，人力资本提升则更关注贫困者能力的提升，二者的共同之处在于，两种减贫方式都有助于增强贫困者的可行能力。

三、性别平等与妇女赋权理论

（一）性别平等理论

性别平等是联合国 17 个可持续发展目标之一，也是我国的一项基本国策。根据《联合国千年宣言》，性别平等意味着男女在各级教育、工作领域享有平等权利，能够平等掌握资源，并在公共和政治生活中拥有平等的代表性[22]。性别平等的目标是男女能够达到实质上的平等，其内涵主要包括四部分：第一，权利的平等，主要指的是男女在法律、法规和政策面前享有平等的权利；第二，机会的平等，即男女享有平等的发展机会；第三，结果的平等，即男女能够平等地分享社会经济各方面发展的成果；第四，客观看待男女性别的差异，正视并且平等对待这种差异[22]。性别平等最初起源于女性主义研究，女性主义研究者认为性别具有生理性别（sex）和社会性别（gender）之分，生理性别指的是由遗传基因决定的不同性别的人在生理结构及其功能上的差异，社会性别指的是由特定文化决定的男女在社会与家庭角色分工、心理与行为模式、资源分配、价值评价等方面的差别[23]，是人在成长过程中与社会历史、文化、经济等外部环境相互作用的产物，一般意义下的性别不平等主要指的是社会性别的不平等。围绕性别平等开展的研究工作着重关注了性别不平等的根源、表现与影响等内容，具体来看：

性别不平等的根源。社会建构论对性别不平等有很好的解释作用，主要观点是人的成长由基因与环境共同作用，性别不平等的根源来自社会和家庭角色、资源配置和评价标准上的性别差异，其结果导致了男女权利关系的不平等[23]。一方面，封建社会形态下，"男尊女卑""女子无才便是德"等思想对社会认知产生了深远影响，重男轻女的现象普遍存在，妇女社会地位较低。毛泽东剖析了封建社会中国妇女地位低下的根本原因，"中国男子普遍受政权、族权、神权的支配，至于女子，除了受上述 3 种权力支配外，还受男子的支配（夫权）"。类似的现象在其他国家也存在，例如，妻子能否就业受到丈夫的管辖，18 个国家的丈夫可以合法地阻止妻子工作[34]。另一方面，男女的生理差异以及文化习俗造就了"男主外，女主内"的劳动分工模式。随着社会的不断发展，工作场所与家庭逐渐分离，男性主要进入工厂从事利润生产劳动，而女性则主要被安排在家庭中从事无酬劳的生育、养育、照料家人等劳动，家庭内部的经济收入主要来源于男性的社会劳动，造成了女性对男性在物质上的依赖，这也是家庭内部性别不平等的重要原因[25]。

性别不平等的表现。Sen 通过研究表明，在全世界都存在着由文化因素造成的对妇女需要的忽视，这种忽视造成了对妇女的多方面剥夺，并在社会生活的各个领域出现一种贬低妇女的倾向[4]。性别不平等现象主要包括以下几类：第一，权利不平等，联合国数据显示，在世界上 39 个国家中，女儿和儿子享有不平等的继承权，在全球范围内，妇女仅占农业用地所有者的 13％；截至 2014 年，有 143 个国家在宪法中保证男女平等，但是还有 52 个国家尚未迈出这一步[24]。第二，发展机会不平等，女性进入就业市场面临歧视，在就业过程中存在性别隔离的情况，具体表现为岗位流动少，工资待遇低等。据统计，全球范围内女性的工资收入比男性低 24％；部分国家的女童无法获得医疗保健服务或合理的营养，全球每年约有 1 500 万名 18 岁以下女童结婚，早婚进一步影响了女童的受教育机会，约 1/3 的发展中国家尚未实现初等教育性别平等。在撒哈拉以南非洲和西亚地区，女童入读小学和初中仍然面临阻碍等。第三，家庭地位不平等，沿袭已久的"男主外，女主内"劳动分工模式导致女性更多地从事没有经济报酬的家庭劳动，在衡量对家庭生计的贡献时常常被忽略，导致在家庭内部女性地位低于男性。

性别不平等的影响。性别不平等不但对经济社会发展具有广泛而深刻的负面影响，而且违反了基本人权，导致妇女多方面的权利或机会被剥夺，进而造成了妇女在教育、健康等不同维度上的贫困现象。从社会层面来看，歧视女性的社会文化规范会损害妇女的身心健康，就业和教育机会方面的不平等损害了妇女的基本自由，危害着妇女自身的生存和发展，同时也会带来全社会总人力资本过低、治理能力不佳和经济增长率下降等不良后果[26]。从家庭层面来看，性别不平等会导致女性在家庭内部的福利受到严重损害，例如，一项研究发现，在新德里的贫困社区，由于生病时受到的待遇不同，女孩死于腹泻的可能性是男孩的两倍多[27]；当一个家庭的收入不足以满足所有人的基本生活需求时，会不成比例地牺牲女孩的福利[28]。此外，有学者在研究农村留守现象时发现，在能力有限的情况下，父母更愿意把男童带到城里而把女童留在家中，同时由于在农村社会中，洗衣、做饭、打扫卫生等家务劳动早已被性别化为"女性职责"，在父母外出之后，原本由母亲承担的家务劳动便理所当然地转移到留守女童身上，导致留守女童需要肩负起超龄的劳动负担，对其成长和发展极为不利[29]。

（二）妇女赋权理论

妇女赋权是在赋权理论的基础上发展而来的，赋权理论最早出现在社会工作领域[18]，被赋权者通常指的是社会中的弱势群体（被边缘化或遭遇社会排斥等），广义上的赋权指的是扩大个体的选择和行动自由以改善其生活，赋权意味着增强对决策和资源的控制能力[20]。被赋权者的选择和行动自由通常受限，赋权的目的是通过物质、精神或制度层面的干预手段使弱势群体能够提升个人的决策能力和行动能力，进而改善其生活，使他们能够更好地融入社会。由于实践成效显著，这一理论之后被引入妇女研究领域并用以指导妇女赋权的具体实践。Malhotra 和 Schuler 认为[20]，理解妇女赋权的概念需要同时考虑两方面内容：一是赋权本身的涵义，二是妇女群体的特殊性，即妇女可能代表着多类失权群体，她们可能同时具有贫困者、少数民族等多种身份，同时家庭关系可能是造成妇女失权的最主要因素，这意味着妇女赋权需要特别注意政策对家庭可能存在的影响。

Malhotra 和 Schuler 构建了包括家庭、社区和更广阔的领域（broader arenas）3 个层次在内，覆盖经济、社会和文化、法律、政治、心理 5 个维度的妇女赋权框架，接下来对该框架进行简要介绍，以便更好地理解妇女赋权所包含的内容[20]：

一是经济维度的妇女赋权，家庭层面包括对收入的控制、是否拥有资产和土地、对家庭支持的相对贡献、家庭资源的获取和控制 4 部分；社区层面包括就业机会、信贷机会、对地方贸易协会的参与和代表情况以及参与市场的机会 4 部分；更广阔的领域层面包括在高薪工作中的代表性、女性首席执行官人数、在宏观经济政策和省级以上预算中所代表的妇女经济利益 3 部分[20]。

二是社会和文化维度的妇女赋权，家庭层面包括行动自由、不歧视女儿、教育女儿或承诺教育女儿、参与家庭决策、有能力作出生育决定、不受暴力侵害等内容；社区层面包括社会空间的进入和可见性、使用现代交通工具或获取交通服务、家庭外群体和社会网络的存在和力量、父权规范的转变以及反对家庭暴力的地方运动等内容；更广阔的领域层面包括识字率和获得广泛教育的机会、媒体对妇女及其作用和贡献的正面形象、提供容易获得生殖健康服务的卫生系统等内容[20]。

三是法律维度的妇女赋权，家庭层面包括知晓法律法规、在行使个人权利时获得家人支持；社区层面包括社区权利动员活动、权利意识运动、对法律法规的运用以及有效的地方执法；更广阔的层面包括法律能够保障妇女权益、能够实现个人权利，以及推动立法、利用司法系统纠正侵犯权利的行为[20]。

四是政治维度的妇女赋权，家庭层面包括了解政治制度、家庭对政治参与的支持以及行使选举权的能力；社区层面包括参与支持特定候选人或立法、在地方政府中的代表性等内容；更广阔的层面包括有权利成为地区和国家政府中的代表、具有投票权、能够代表妇女的利益等[20]。

五是心理维度的妇女赋权，家庭层面包括自我尊重、自我效能和心理健康；社区层面包括集体对不公正的意识和动员的潜力；更广阔的层面包括集体表达的权利、对妇女权利的尊重和包容[20]。

可以看到，Malhotra 和 Schuler 设计的妇女赋权框架能够让我们更清楚地认识到妇女赋权是一项系统性工程，涉及社会生活的多个领域、多个层次，妇女既是赋权的客体也是赋权的主体，外部赋权和妇女自我赋权都在妇女的生存发展过程中扮演着重要角色。

第二节　妇女贫困分析框架

一、妇女贫困分析框架

妇女贫困是一种社会现象，承载这种社会现象的主体是贫困妇女，她们既属于妇女群体，也属于贫困人口，因此在理解妇女贫困的概念时需要同时考虑贫困的多维度特征和妇女失权的多维度特征。目前学界对妇女贫困的定义大多从多个维度出发，如部分学者认为妇女贫困可以划分为物质资源贫困和人文权利贫困，物质资源贫困主要指的是工作机会、收入、财产、基本社会保障、健康资源方面的匮乏，人文权利贫困指的是妇女在家庭地位、社会参与以及社会关系等方面的贫困[30,31]。本书将参考贫困理论、性别平等与妇女赋权理论以及现有妇女贫困研究的相关成果，构建我国农村妇女贫困分析框架。

本书认为，深入研究妇女贫困现象是为了更好地服务于妇女脱贫这个主题，而妇女脱贫的目的不仅在于脱贫本身，也是为了促进性别平等，推动妇女朝着全面而自由的方向发展。因此本书是从妇女自身的全面发展角度出发来构建妇女贫困的分析框架，主要参考了收入贫困理论、心理贫困理论、多维贫困理论和妇女赋权理论的分析框架，同时结合本书的研究目标对其中的维度进行调整。首先，由于多维贫困指数子指标的选取以家庭为单位，没有体现出家庭内部的劳动分工情况，鉴于造成妇女贫困的原因也可能来自家庭层面，如妇女家庭地位低下的家庭贫困现象等，因此本书将研究聚焦于妇女个体层面，同时把可能存在的家庭内部的妇女致贫因素纳入考虑范围；其次，妇女的心理状态和价值取向是衡量妇女是否存在精神层面贫困的重要因素，因此本书将其纳入分析框架中来。

基于前文所述理论，本书从微观层面出发，构建了妇女贫困问题分析框架（图4.1）。妇女贫困可以从经济、人力资本、心理、社会权利和家庭5个维度来考察。经济维度包括收入/消费水平、市场参与两个子维度。经济维度的贫困是人们对贫困的早期认识，也是妇女贫困的基本组成部分。经济维度的贫困主要针对物质层面而言，收入或消费水平不足以覆盖生活基本需要是贫困最直接的原因，考察收入和消费水平对于认识妇女贫困具有重要意义。同时，妇女的市场参与程度也是本书考察的对象之一，市场参与程度指的是妇女对劳动力、产品等不同类型市场的总体参与程度，能够反映妇女通过参与市场交易获取收入的能力。由于受到诸多外部条件和自身条件的限制，市场参与度低是贫困人口普遍具有的一个特征[32]。因此，本书将市场参与程度作为衡量妇女经济贫困的变量之一，并把经济维度作为妇女多维贫困的重要组成部分。

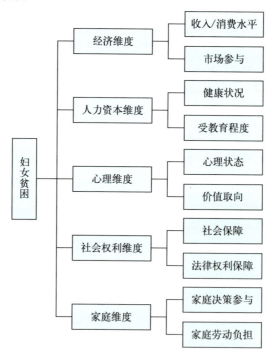

图 4.1　妇女贫困问题分析框架

人力资本维度包括身体健康状况和受教育程度两个子维度，由 Sen 的能力贫困理论和 Schultz 的人力资本理论可知，一个人的健康状况和受教育程度均是人力资本的主要影响因素，健康状况决定了一个人是否具备基本的身体条件从事生产生活劳动；教育具有阻断贫困代际传递的关键作用，受教育程度决定着一个人的认知水平、对劳动力市场的参与能力等，同时，受教育程度与个人收入呈正相关，受教育水平的高低决定了一个人获得经济收入的能力。也就是说，人力资本水平决定了可行能力的高低，而贫困是由基本可行能力不足导致的，因此，人力资本水平是决定一个人是否贫困的关键变量，用以衡量妇女可行能力的水平。

心理维度包括心理状态和价值取向两个子维度。心理贫困是妇女贫困在心理层面的体现，是妇女贫困的维度之一。一方面，心理贫困是长期物质贫困的心理后果，一旦形成就具有独立于外部环境的效应，使贫困者难以摆脱物质贫困[10,11]，例如贫困阶层存在一些诸如"志向和抱负失灵"的特殊心理特征，使他们难以摆脱物质层面的匮乏状态；另一方面，全世界普遍存在导致性别不平等的文化因素，这种文化因素会对社会规范和社会认知的塑造产生重要影响，进一步导致部分妇女会产生一些不同于男性的心理特征，如悲观、消极、自我价值感低、对"男尊女卑"不合理现象的认同等。结合心理贫困的内涵同时考虑性别差异造成的妇女心理特征，本书认为妇女的心理贫困现象可以从心理状态和价值取向两个方面来衡量，主要反映妇女的心理、情绪、自我价值感等内容，如果妇女的心理状态较差、情绪不佳、自我价值感低，则认为其存在心理层面的贫困现象，因此本书将心理维度纳入妇女多维贫困的分析框架。

社会权利维度包括社会保障和法律权利保障两个子维度。社会保障维度衡量的是妇女参与社会保障的权利是否被剥夺，选择将社会保障维度纳入妇女贫困的理论分析框架主要是基于权利贫困理论和"收入再分配"减贫理论，权利贫困理论认为个体贫困的根源是制度不完善导致人的部分基本权利被剥夺；根据"收入再分配"减贫理论，社会保障是对国民收入的二次分配，是国民福利的组成部分，社会保障制度的建立是为了弥补初次分配带来的收入差距过大的现象，通过收入再分配的方式来增进国民的普遍福利，进而保障贫困者的基本生活。法律权利维度主要衡量的是妇女的继承权、土地权等基本权利是否被剥夺，尽管我国法律对妇女的权利保障已经十分完备，但是，由于性别因素，妇女的继承权等基本权利被剥夺的现象仍然存在，成为农村妇女贫困的根源之一。基于上述分析，社会权利维度是我们分析妇女贫困的一个重要维度。

家庭维度包括家庭决策参与和家庭劳动负担两个子维度，主要衡量妇女面对家庭事务时是否享有跟男性平等的决策权。结合已有研究不难发现，传统的性别角色分工造就了"男主外、女主内"的家庭分工模式，将洗衣、做饭、打扫卫生等家务劳动理所应当地归于妇女义务，同时，由于家务劳动无经济附加值，造成了妇女在家庭中的经济地位相对较低，从而在家庭事务甚至是个人事务的决策过程中缺乏话语权甚至丧失话语权。例如，目前世界上 18 个国家的男性可以合法阻止妻子外出工作；家庭维度的贫困现象是妇女贫困在家庭层面的体现，来自家庭内部的剥夺是贫困妇女失权的重要原因之一，因此，本书将家庭维度纳入妇女多维贫困的分析框架。

基于上述分析，本书从微观层面出发，构建了包括经济、人力资本、心理、社会权利和家庭 5 个维度在内的妇女贫困分析框架，以便为后续研究的开展奠定基础。

二、妇女扶贫分析框架

借鉴减贫理论、妇女赋权理论以及关于妇女赋权的部分研究成果，本书构建了妇女扶贫理论分析框架（图 4.2）。通过梳理有关理论可以发现，减贫方式可以大致可分为宏观层面的减贫和微观层面的减贫，妇女赋权方式也可以分为宏观层面的制度建设和微观层面的个体或群体干预。减贫与妇女赋权之间存在双向因果关系，一方面，在国家内部和国家之间，贫困者群体的性别不平等现象往往更严重，部分研究表明，通过减少贫穷和增加机会，经济增长可以对性别平等产生重要的积极影响[28]，也就是说，减贫能够在一定程度上缓解由性别不平等导致的妇女失权问题。另一方面，妇女赋权也能够促进贫困的减少，该观点主要基于以下观点形成，一是妇女赋权是促进性别平等的有效手段，关于这一点联合国在《千年发展目标》中早已说明，而公平本身就是有价值的，性别平等是实现千年发展目标的先决条件；二是妇女赋权能够对社会上的其他方面产生积极影响，例如，由于妇女会更偏向于投资改善家庭福祉的商品和服务，部分减贫项目将妇女作为主要资助对象（孟加拉国的小额信贷计划、墨西哥的繁荣计划等）[28,30]。因此，减贫与妇女赋权之间存在交集，而妇女扶贫是二者交集的子集，妇女扶贫的本质就是从多个方面给妇女赋权，本书依照减贫理论和妇女赋权理论的有关内容，将妇女扶贫划分为宏观层面的妇女扶贫和微观层面的妇女扶贫两大类，两类妇女扶贫方式之间存在一定交集。

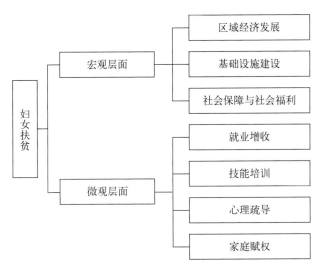

图 4.2　妇女扶贫理论分析框架

宏观层面的妇女扶贫包括区域经济发展、基础设施建设、社会保障与社会福利三方面。首先，根据涓滴效应，经济发展是减贫的重要动力，改革开放以来我国经济的高速增长带动了大量人口脱贫致富可以说明这一点；其次，基础设施建设主要是针对贫困地区而言的，基础设施建设的减贫逻辑是可以通过修建公路、互联网建设等方式为贫困地区与发达地区之间多方面的互联互通提供便利条件，从而促进贫困的减少；最后，根据"收入再分配"理论，社会保障与社会福利是减贫的重要手段，将社会财富通过补贴、医疗费用减免等途径转移给贫困人口可以起到减贫效果；第四，区域经济发展、基础设施建设、社会保障与社会福利的减贫效应能够惠及贫困人口，其中也包括贫困妇女。

微观层面的妇女扶贫主要是从妇女个体层面出发定义的减贫方式，包括就业增收、技能培训、心理疏导和家庭赋权四种。就业增收主要针对的是妇女的经济贫困，通过产业扶贫、扶贫工厂等方式可以增加妇女的就业机会，进而提高收入带动脱贫；技能培训主要针对的是妇女的人力资本贫困，通过技能培训的方式来提升贫困妇女的工作能力，进而提高收入；心理疏导主要针对的是妇女的心理贫困，通过开展心理咨询和心理建设活动等方式改善妇女心理贫困的情况，我国的扶志行动即属于此类扶贫；家庭赋权主要针对妇女在家庭层面失权的现象，如对于外出工作无自主权，对家庭事务无决策权和话语权等极端现象，由于家庭层面的妇女贫困现象不易被观测到，且家庭层面的妇女赋权实施起来难度非常大，因此，家庭层面的妇女赋权更依赖于全社会在性别平等方面的进步以及妇女的自我赋能，同时，就业增收、技能培训和心理疏导等扶贫方式也能够间接在一定程度上为妇女在家庭层面赋权。

第三节　本章小结

聚焦于妇女贫困这个研究主题，本章首先按照研究脉络梳理了本书的理论来源，包括贫困理论、减贫理论和性别平等与妇女赋权理论，其中减贫理论包括收入贫困、权利贫困、能力贫困、心理贫困和多维贫困；随着贫困理论的发展，减贫研究领域相继出现了以经济发展、制度建设、赋权和提升人力资本为核心的减贫理论；性别平等与妇女赋权理论主要分析了妇女弱势地位的现象和原因，并给出了为妇女在多方面赋权的解决方案。接下来，根据上述理论基础，结合本书研究目标，分别提出了妇女贫困分析框架和妇女扶贫分析框架，其中，妇女贫困分析框架包括经济、人力资本、心理、社会权利和家庭五个维度，当妇女在这些方面存在被剥夺的现象时，会损害妇女的个人福祉进而造成贫困；妇女扶贫分析框架以妇女赋权理论和减贫理论为基础，包括宏观和微观两个层面，其中，宏观层面包括区域经济发展、基础设施建设、社会保障与社会福利三方面内容，微观层面包括就业增收、技能培训、心理疏导与家庭赋权四方面内容。

参考文献

［1］ Rowntree, Benjamim Seebohm. Poverty: a study of town life ［M］. ［S. I. ］: Macmillan, 1902.

［2］ 孙俊楠. 阿玛蒂亚·森的权利贫困理论研究 ［D］. 济南：山东大学，2018.

［3］张锦华. 教育不平等、收入非平衡与贫困陷阱——对农村教育和农民收入的考察［J］. 经济经纬，2007，24（6）：107－110.

［4］森任颐，于真. 以自由看待发展：Development as freedom［M］. 北京：中国人民大学出版社，2012.

［5］朱方明，李敬. 中心市场偏离度、交易参与度与贫困程度［J］. 四川大学学报（哲学社会科学版），2020，64（1）：43－54.

［6］Zhou Y，Guo Y Z，Liu Y S. Health，income and poverty：evidence from China's rural household survey［EB/OL］.［2020－04－10］. http://210.76.211.142/rwt/SSCI/https/ MWZYK4LVQFVGKZLMPSVGVLUCNFYX43LEMNTX67DTMFXC6Z5QNF/track/ pdf/10.1186/s12939－020－1121－0.

［7］马新文. 阿玛蒂亚·森的权利贫困理论与方法述评［J］. 国外社会科学，2008，2（2）：69－74.

［8］王小林. 贫困概念的演进［EB/OL］.［2020－04－10］. http://www.iprcc.org.cn/ Home/Index/skip/cid/2444.html.

［9］叶普万. 贫困经济学研究：一个文献综述［J］. 世界经济，2005，28（9）：70－79.

［10］胡小勇，徐步霄，杨沈龙，等. 心理贫困：概念、表现及其干预［J］. 心理科学，2019，42（5）：1224－1229.

［11］Haushofer J，Fehr E. On the psychology of poverty［J］. Science，2014，344（6186）：862－867.

［12］Shah A K，Mullainathan S，Shafir E. Some Consequences of Having Too Little［J］. Science，2012，338（6107）：682－685.

［13］张彦驰. 贫困心态对经济决策的影响及其心理机制［D］. 武汉：华中师范大学，2019.

［14］常方瑛. 我国农村居民贫困代际传递问题研究［D］. 大连：东北财经大学，2017.

［15］胡小勇，李静，芦学璋，等. 社会阶层的心理学研究：社会认知视角［J］. 心理科学，2014，51（6）：231－239.

［16］霍萱. 多维贫困理论及其测量研究综述［J］. 社会福利（理论版），2017，26（12）：5－9.

［17］OPHI. Global Multidimensional Poverty Index［EB/OL］.［2020－04－14］. https:// ophi.org.uk/multidimensional－poverty－index/.

［18］朱霞梅. 反贫困的理论与实践研究［D］. 上海：复旦大学，2010.

［19］Alsop，Ruth，Bertelsen，et al. Empowerment in Practice：From Analysis to Implementation［M］. DC：World Bank Publications，2006.

[20] Anju M, Sidney R S. Women's Empowerment as a Variable in International Development [A] //: Measuring Empowerment: Corss Disciplinary Perspectives. DC: World Bank Publications, 2005: 71 - 88.

[21] 杜育红. 人力资本理论: 演变过程与未来发展 [J]. 北京大学教育评论, 2020, 18 (1): 90 - 100.

[22] 周敏. 中国参政、就业政策中的性别平等问题研究 [D]. 长春: 吉林大学, 2011.

[23] 何杨. 基于 STS 视角的技术领域的性别平等问题研究 [D]. 长沙: 湖南大学, 2015.

[24] 联合国. 目标 5: 实现性别平等, 增强所有妇女和女童的权能 [EB/OL]. [2020 - 04 - 12]. https://www. un. org/sustainabledevelopment/zh/gender – equality/♯ tab – c8c9ad1dfdd-f61f74da, 2020.

[25] 马素梅. 论南茜・弗雷泽对性别不平等的探析及中国启示 [J]. 新经济, 2020, 41 (1): 107 - 111.

[26] Branisa B, Klasen S, Ziegler M, et al. Gender Inequality in Social Institutions and Gendered Development Outcomes [J]. World Development, 2013, 45 (45): 252 - 268.

[27] Khanna R, Kumar A, Vaghela J F, et al. Community based retrospective study of sex in infant mortality in India [J]. BMJ (Clinical research ed.), 2003, 327 (7407): 126.

[28] Esther Duflo. Women Empowerment and Economic Development [J]. Journal of Economic Literature, 2012, 50 (4) .

[29] 王维, 胡可馨. 社会性别视角下的农村留守女性生命史 [J]. 中国农业大学学报 (社会科学版), 2020, 37 (2): 114 - 123.

[30] 聂常虹, 王雷. 我国贫困妇女脱贫问题政策研究 [J]. 中国科学院院刊, 2019, 34 (1): 51 - 59.

[31] 刘欣. 近 40 年来国内妇女贫困研究综述 [J]. 妇女研究论丛, 2015, 24 (1): 116 - 123.

[32] 朱方明, 李敬. 中心市场偏离度、交易参与度与贫困程度 [J]. 四川大学学报 (哲学社会科学版), 2020, 66 (1): 43 - 54.

第五章　中国妇女扶贫实践历程

　　我国农村贫困妇女主要受益于两类扶贫政策，一是能够帮助所有贫困人口脱贫的普适性扶贫政策，二是由全国妇联牵头、专门用于帮扶贫困妇女的妇女扶贫政策。新中国成立至今，我国的扶贫实践一直以县、村和家庭为单位，并未根据性别因素对扶贫实践的具体内容进行明确区分，性别因素是随着我国扶贫开发的不断推进而逐步被纳入扶贫体系的。1994 年颁发的《国家八七扶贫攻坚计划》开始在原有扶贫实践的基础上，规定要安排一些适合贫困地区妇女脱贫的扶贫项目，自此，我国开始将性别因素纳入扶贫政策安排中，即贫困妇女一方面能够享受到普适性扶贫政策带来的帮扶，另一方面也能从专门性妇女扶贫政策中受益。因此，本书认为，普适性扶贫政策的制定和执行亦是我国妇女扶贫实践的重要组成部分。本章将按照时间顺序，选取有代表性的（妇女）扶贫政策，从政策背景、政策内容和政策实施效果三方面来梳理我国的妇女扶贫实践历程。

　　由于妇女扶贫一直是我国扶贫实践的重要组成部分，因此本书对妇女扶贫阶段的划分与扶贫阶段划分保持一致。1949 年以来，中国扶贫事业已走过 70 余年历程，随着我国经济社会发展水平的不断提高，扶贫实践呈现出阶段性特点。对于我国扶贫实践阶段的划分，特别是关于我国扶贫历史的起始年份，学术界尚未形成一致观点。部分学者认为，我国真正意义上的贫困治理开始于 1978 年[1]，这是由于改革开放以后，特别是 20 世纪 80 年代以后，我国才开始陆续颁布一系列扶贫政策。也有学者认为我国贫困治理的历史应追溯到 1949 年，即新中国成立初期，因为在 1949 年至 1978 年，我国也实施了帮助贫困户的相应举措[2]。本书认为，我国妇女扶贫的开始时间是 1949 年，这是由于中华人民共和国成立之初开展了土地改革运动，该举措为帮助农村人口，特别是贫下中农从食不果腹走向温饱奠定了重要基础。土地改革消除了封建、半封建的土地制度，让包括妇女在内的所有农民从被剥削和压迫的境遇中解脱出来，成为土地的主人，土地改革是从制度层面消除妇女贫困的关键环节，具有代表性意义，因此将土地改革归为农村妇女扶贫政策之一。同时，1949 年颁布的《中国人民政治协商会议共同纲领》（简称《共同纲领》）具有临时宪法的性质，从法律层面对男女平等作出规定，对减轻我国贫困妇女在社会权利维度的贫困至关重要。

　　基于此，本书将 1949 年至 1977 年划分为权利保障与制度变革型妇女扶贫阶段，《共同纲领》所规定的男女平等，土地改革运动对封建、半封建土地制度的彻底改革，是该时期贫困妇女脱贫的重要动力之一。将 1978 年至 2010 年划分为综合开发型妇女扶贫阶段，改革开放后，我国进一步变革了农村经济体制，解放和发展了农村生产力，开展农业现代化建设，1986 年，我国成立了专门的扶贫开发机构——国务院贫困地区经济开发领导小组，专门负责我国的扶贫开发工作。随着经济的快速发展，扶贫开发被列入工作重点，主导型扶贫方式逐渐从救济式扶贫过渡到开发式扶贫，并越来越呈现出多样化特点，该时期颁布和实施的一系列扶贫政策对贫困妇女脱贫具有关键意义，2010 年是《中国农村扶贫开发纲要（2001—2010 年）》的完成节点，因此将 1978 年至 2010 年划分为一个时期，并称之为综合开发式妇女扶贫阶段。由于 2011 年是《中国农村扶贫开发纲要（2011—2020 年）》的开局之年，2013 年，在党中央的统一部署下，我国进入精准扶贫阶段，该时期颁布的一系列（妇女）扶贫政策体现了精准扶贫的战略思想，本书将 2011 年以后的妇女扶贫实践作为单独一章专门介绍，本章主要介绍 1949 年至 2010 年的妇女扶贫实践。

第一节　1949 年至 1977 年：权利保障与制度变革型妇女扶贫阶段

　　1949 年至 1977 年，我国的妇女扶贫实践主要有两个特点：一是从法律制度层面规定了男女平等以及妇女群体的土地所有权；二是通过一系列措施提高粮食产量来满足贫困妇女的温饱需求，解决其生存性贫困问题。本节从政策背景、政策内容和政策实施效果三方面出发，介绍该时期我国的妇女扶贫实践，主要涉及土地改革，热河省①和四川省等帮助困难户的措施，"五保"供养制度，《共同纲

---

　　①　于 1955 年撤销，并将热河省所属行政区域，按国务院建议分别划归河北省、辽宁省和内蒙古自治区。

领》《中华人民共和国婚姻法》和《关于加强农民业余教育的指示》等内容，详述如下：

一、政策背景

新中国成立初期，百业待兴，多年战乱给国民经济和社会发展带来重创，人民生活水平普遍较低。1949 年我国粮食产量 2 264 亿斤[1]，人均粮食产量只有 209 千克，包括妇女群体在内的绝大多数农村人口温饱需求无法得到有效满足[1]。此时的妇女贫困主要有两种表现：一是制度性贫困，封建剥削的土地制度和"男尊女卑"的封建思想是造成当时妇女贫困的首要因素，土地作为基本生产资料，在包括农村妇女群体在内的广大农民之间分配极度不均，大量土地被富农和地主占有，贫下中农无地少地的现象遍及中国农村地区，占人口总量 90％以上的农民被人口不到10％的地主富农过度剥削和压迫[3]。二是生存性贫困，即农村妇女的温饱需求得不到满足，吃不饱饭的现象十分普遍。农村妇女的生存性贫困一方面由制度性贫困导致，即大量贫困家庭无地少地，导致包括贫困妇女在内的贫困人口不能通过劳作获得充足的粮食；另一方面，当时农村的粮食生产能力落后，粮食产量不佳也是大量农村人口吃不饱饭的原因之一。

除制度性贫困和生存性贫困外，当时的农村妇女还大多面临着教育贫困和健康贫困问题，教育贫困表现为农村妇女普遍没有接受过教育，文盲现象十分普遍；健康贫困表现为绝大多数农村妇女在吃不饱饭的前提下，体质不佳，加之当时的农村没有专门的医疗机构，生病时主要依靠"赤脚医生"的帮助，导致大量农村妇女的基本医疗需求得不到有效满足。尽管新中国成立时农村地区贫困妇女的教育贫困和健康贫困问题非常突出，但制度性贫困和生存性贫困涉及农村地区的公平和农村妇女的生存问题，解决这两个问题更加急迫。

二、政策内容

1949 年至 1977 年，我国农村扶贫政策措施主要包括土地改革，热河省和四川省等帮助困难户的措施，"五保"供养制度，以及《共同纲领》《中华人民共和国婚

---

① 注：斤为非法定计量单位，1 斤＝0.5 千克，下同。——编者注

姻法》和《关于加强农民业余教育的指示》等，对于推动男女平等，减轻农村妇女在社会权利维度和人力资本维度的贫困发挥了重要作用。上述政策的主要内容有：

第一，土地改革是党中央领导的在全国农村范围内开展的一场土地制度变革运动，根本目标是推翻地主阶级对广大农民的剥削和压迫，彻底改变旧中国农民土地分配极度不均的现象，实现耕者有其田，让农民从重租、重息①的封建土地制度枷锁中解脱出来。土地改革的覆盖群体是全国农村人口，以 1946 年 5 月 4 日《关于清算减租及土地问题的指示》颁布为标志，中国共产党领导的土地改革运动开始展开，至 1953 年 2 月基本收尾，持续了 7 年左右的时间。以新中国成立为节点，可以将土地改革分为两个阶段：第一阶段是抗日战争胜利后至新中国成立以前，为响应农民的土地要求，党中央于 1946 年开始在解放区开展土地改革运动，到新中国成立前夕，解放区的土地改革工作已基本完成，约有 1.45 亿农民分到土地；第二阶段是 1949 年新中国成立后，在党中央的领导下，继续在新区进行土地改革运动，到 1953 年 2 月，除少数民族地区以外，全国的土地改革运动已基本完成，约 4.5 亿农村人口从封建剥削土地制度中解脱出来，为走出生存性贫困奠定了重要基础。

两个阶段土地改革的主要内容均围绕着"没收地主土地给贫苦农民"这一中心原则展开。根据《中华人民共和国土地改革法》（以下简称《土地改革法》），土地改革的基本内容②是废除地主阶级封建剥削的土地所有制，实行农民的土地所有制，解放农村生产力，发展农业生产，为新中国的工业化开辟道路。由于人口数量是土地分配的重要依据之一，《土地改革法》也对在人口数量上处于弱势地位的贫苦农民给予了一定程度的政策照顾，规定针对只有一口人或两口人而有劳动力的贫苦农民，在本乡土地条件允许时，分给多于一口人或两口人的土地，这一规定亦是对 1947 年颁布的《中国土地法大纲》中有关规定的沿革。1947 年颁布的《中国土地法大纲》规定：除大森林、大水利工程、大矿山、大牧场、大荒地及湖沼等，乡村中一切地主的土地及公地，由乡村农会接收，连同乡村中其他一切土地，按乡村全部人口，不分男女老幼，统一平均分配。可以看出，土地改革以法律的形式保障

---

① 根据中国人民政治协商会议第一届全国委员会第三次会议报告，土地改革前农民需要上缴的地租占产量的 50％到 90％不等。
② 土地改革的具体内容可参见图 5.1 中涉及的各项政策、领导人讲话等重要文件。

广大农村人口土地所有权的同时，对贫困农民中相对弱势的人群也给予了一定的政策支持，让所有农民能够通过自己的劳动来解决温饱问题，尽快摆脱贫穷和落后。

图 5.1　抗日战争胜利后党中央颁布的关于土地改革的重要文件

　　第二，热河省对困难户的帮扶和"五保"供养制度的建立。中国农村试点扶贫最早起源于热河省。1951 年，热河省民政厅首先提出帮助贫困群众生产发展是摆脱贫困的根本途径，并且制定了具体举措。针对省内农民在耕种时畜力不足的问题，热河省用中央下拨的 25 万元寒衣贷金购买了 3 000 余头牲畜，分别贷给 11 个县的贫困户；之后，银行专门下拨了以该省贫困户为主要贷款对象的种子贷款和牲畜贷款。通过对贫困户的帮扶，热河省初步积累了扶贫经验，并向中央部门上报《扶助困难户生产的报告》，获得了时任政务院副总理黄炎培的重要批示。热河省对贫困户的扶持工作是中国农村试点扶贫的开端[4]。

　　农村地区鳏寡孤独者的劳动能力远低于农村青壮年，是农村地区的弱势群体。《1956 年到 1967 年全国农业发展纲要》指出农业合作社对于社内缺乏劳动力、生活没有依靠的鳏寡孤独的社员，应当统一筹划：第一，指定生产队或者生产小组在生产上给以适当的安排，使他们能够参加力所能及的劳动；第二，在生活上给予其适当的照顾，做到保吃、保穿、保烧（燃料）、保教（儿童和少年）、保葬，使他们的生养死葬都有指靠[5]。"五保"供养制度作为一种社会救助制度，旨在保障劳动能力不佳的鳏寡孤独者的基本生活，是党和国家为保障农村地区弱势群体基本生活进行的一项制度安排。

1964年2月，内务部党组呈报中央的《关于在社会主义教育运动中加强农村社会保险工作，帮助贫下中农困难户克服困难的报告》中提出，帮助困难户解决生活难题的根本办法是为其安排合适的生产门路以增加收入，从而减轻他们生活的困难，该做法可以使40％左右的困难户基本解决温饱问题。要对困难户劳动力情况进行全面排查，优先安排其从事收入较多的生产劳动，同时搞好家庭副业生产，依靠集体经济和个人劳动，实现共同富裕。该报告第一次正式提出农村扶贫问题并得到了党中央的高度重视。之后，四川省威远县两路公社在对当地农户进行摸底调查的基础上，确定扶持对象并采取多项措施开展帮扶，使89.6％的贫困户解决了温饱问题，此后的1969年和1973年，该公社又进行了两期扶贫工作，显著提升了贫困户的生活水平[3]。

第三，保障妇女的基本公民权利，提倡男女平等，1949年颁布的《共同纲领》规定，中华人民共和国废除束缚妇女的封建制度。妇女在政治的、经济的、文化教育的、社会的和家庭的生活各方面，均有与男子平等的权利，实行男女婚姻自由；在国营企业中，要保护青工女工的特殊利益。1950年颁布的《中华人民共和国婚姻法》规定：夫妻双方均有选择职业、参加工作和参加社会活动的自由。1954年，我国颁布的首部《中华人民共和国宪法》规定，妇女有同男子平等的选举权和被选举权，妇女在政治、经济、文化、社会和家庭生活的各方面享有同男子平等的权利：婚姻、家庭、母亲和儿童受国家保护。此外，我国还采取了一系列措施改善农村妇女的文盲现象。1955年，周恩来批复了《关于加强农民业余教育的指示》，将妇女作为扫盲教育初期的重要教育对象，对于家庭妇女，应依条件组织其分散学习。

三、政策实施效果

1949年至1977年颁布的各项有利于减轻农村妇女贫困程度的政策，将农村贫困妇女从封建制度的束缚中解脱出来，对提高妇女社会地位，促进男女平等具有重要作用。从土地改革的减贫成就来看，新中国成立初期的土地改革运动是对我国封建和半封建土地制度的彻底变革，从根本上改变了土地在地主、富农、中农和贫农之间分配极度不均的局面。土地作为基本生产资料，对于农民的生存和发展有着至关重要的意义。在土地改革运动中，地主的土地及其他农资被没收并按照一定规则分配给贫下中农，无地少地的农民获得了赖以生存的基本生产资料。土地改革满足了农民的土地需求，极大减轻了农村人口的制度性贫困，提高了农村人口生产生活的积极性，大幅度解放了农村生产力，为帮助其走出生存性贫困，满足温饱需求奠定了重要基础。土地改革从 1946 年持续至 1953 年，惠及 4.5 亿农村人口，截至 1953 年 2 月，除一部分少数民族地区之外，其他地区均已完成土地改革[6]。

土地改革的减贫成就主要体现在以下几方面：一是农民的土地拥有情况。土地改革之前，新解放区 50％至 60％的贫农和雇农只占有 4％～15％的土地，40％至 80％的土地被占人口比例约 5％的地主占有[5]，土地改革以后，除部分少数民族地区以外，其他农村地区的农民家庭均按照人口数量分到了自己的土地。二是农民的生活成本。土地改革之前，农民的生活成本既包括其生存成本，又包括向地主缴纳的地租等①。据统计，新解放区各地地租一般占粮食产量的 50％至 90％不等[5]；土地改革之后，地主阶级被消灭，农民不必再缴纳地租，只需要通过自己的合法劳动来赚取生活所需。三是农民的购买力。土地改革之后，由于农民的生产积极性提高，农村生产力得到极大解放，农民的生活水平普遍提升较快，据统计，1953 年我国农村人口的购买力比 1950 年提升 76％[7]。四是人均粮食产量。土地改革即将收尾之际，我国人均粮食产量与新中国成立时相比有大幅增长，1952 年底，我国人均粮食产量 288.1 千克，与 1949 年的 208.9 斤相比增长 37.91％。

热河省帮扶困难户的具体举措是中国农村试点扶贫的开端，通过向困难户提供贷款购买牲畜等方式辅助其进行农业生产活动，使困难户逐步摆脱生存性贫困，不但使热河省农村的贫困人口走出食不果腹的困境，而且对后期我国的扶贫工作具有较强的借鉴意义。"五保"供养制度是一种民政福利制度，属于救济性扶贫，能够促进社会公平和稳定②[0]。其目的是保障贫困人群中缺乏劳动力的鳏寡孤独者的基本生存，是一种兜底性制度安排，福利标准只能满足基本温饱需求，使其免于遭受

---

① 地租以粮食的形式上缴。
② 由于未能找到 1949 年至 1978 年热河省帮扶困难户的相关数据，在此仅进行了定性分析。

生存性贫困。进入 20 世纪 70 年代，全国有 250 万～260 万人能够享受到"五保"户待遇。

1949 年至 1977 年，通过土地改革，热河省、四川省的扶贫试点工作以及"五保"供养制度等，农民从被剥削和压迫的困境中解脱出来，生活水平显著改善，中国也从新民主主义社会过渡到了人民当家作主的社会主义社会。该阶段，全国层面的专门性扶贫政策还未出台，农村人口贫困情况的改善主要受益于包括土地改革在内的一系列制度性变革。因此，本书将该阶段界定为权利保障与制度变革型减贫济困阶段。

第二节　1978 年至 2010 年：综合开发式妇女扶贫阶段

1978 年至 2010 年，国家颁布了多项能够帮助贫困妇女脱贫的政策文件，在这一阶段，我国扶贫实践完成了从救济式扶贫向开发式扶贫的转变，包括贫困妇女在内的大量贫困人口受益于我国经济的快速发展以及各项针对贫困地区的专门性扶贫开发政策，本节主要介绍这一时期有代表性的 7 项扶贫政策，以及在这一期间颁布的有助于贫困妇女脱贫的部分条款。

一、政策背景

尽管《中国土地法大纲》《中国人民政治协商会议共同纲领》《中华人民共和国婚姻法》和《关于加强农民业余教育的指示》对妇女的土地权利、男女平等、婚姻自由等方面作出了规定，从政策层面缓解了贫困妇女的困难情况。但是，针对妇女的就业、医疗和科学素质提升等方面还缺乏具体的规定，妇女依旧处于弱势地位，贫困妇女的生存状况仍然有待改善。随着国家对扶贫工作和妇女事业的重视程度日益提高，扶贫逐渐成为一项专门性任务被列入工作重点，保障妇女权益的制度体系也开始逐步建立起来，与此同时，国家逐渐意识到贫困妇女处于贫困群体的弱势地位，扶贫政策应当适度向贫困妇女倾斜。党的十一届三中全会，国务院在分析当时经济情况的基础上，作出了将全国工作重点转移到经济建设上来的重大决定，我国经济社会发展进入了新的历史阶段，更多农村贫困妇女能够受益于经济快速发展带来的红利。与此同时，中华人民共和国成立后我国农业发展迅速，作物产量大幅增长，1978 年粮食产量是 1949 年的 1.7 倍，各类经济作物产量也都实现了不同程度的增长；农业生产条件得到明显改善，化学肥料、农业机械的使用和农村用电量大幅增长。尽管与新中国成立时相比有了大幅提高，但是当时我国农业的生产水平总体上还处于相对落后的阶段，农村生产力水平仍然比较低，加之耕地面积有所减少，我国农业想要实现现代化生产，仍然面临着巨大挑战。基于当时农业发展现状以及农业在各项事业发展过程中的基础性作用，党中央作出了推动农业实现快速发展的战略性部署，成为减轻农村地区贫困问题的重要推动力量之一。

二、政策内容

1978 年至 2010 年，能够惠及贫困妇女的政策主要有两类：一是普适性扶贫政策，二是专门针对妇女群体、能够使贫困妇女受益的政策。详述如下：

（一）普适性扶贫政策

1.《中共中央关于加快农业发展若干问题的决定（草案）》主要举措

为了推动农业朝着现代化方向快速发展，党的十一届三中全会通过了《中共中央关于加快农业发展若干问题的决定（草案）》，该项政策主要涵盖四方面内容。一是统一全党对我国农业问题的认识。文件在回顾 1949 年至 1978 年我国农业建设取得成就的同时，指出了当时我国农业发展水平还处于比较落后的阶段，农村生产力水平较低的现实情况，并提出了加快恢复和发展农业的七点经验教训。二是提出了发展农业生产力的二十五项政策措施以减轻农民负担、增加农民收入。二十五项政策措施从制度层面规定了农村生产资料所有权问题和分配原则，并指出要提高农业投资比例、增加农业贷款额度、提高粮食统购价格、继续强化基础设施建设、增加农资投入等，二十五项政策措施对发展农村生产力，改善农民生活境况具有重要推动作用。三是对农业现代化建设进行了部署安排。主要包括大力支持农业科技的发展、推动农业机械化运作、合理布局逐步实现区域化发展、建设作物基地、实现交通业现代化建设、推动农畜产品加工业的发展等等。四是加强党和政府对农业的指导。主要包括各级党委政府在领导本地区进行农业恢复发展时要基于对当地实际情况的分析，不能千篇一律、脱离实际。

2.《关于认真做好扶助农村贫困户工作的通知》主要举措

该政策颁布于 1982 年 12 月 15 日，《关于认真做好扶助农村贫困户工作的通知》指出，中华人民共和国成立后颁布了一系列农村经济政策，有效推动了农村经济的发展，农民生活水平普遍有较大幅度提高。在此过程中，各地颁布了一些帮扶贫困户的地方性政策，有效改善了农村贫困现象。据不完全统计，当时参与扶贫的贫困户约有 230 万户，截至 1982 年 11 月，约 102 万户改变了贫困面貌。但是各地区扶贫工作推进存在不均衡的现象，有的地区还没有将扶贫纳入工作重点，基于此局面，农牧渔业部、国家物资局、教育部、民政部、财政部、国家经济贸易委员会、商业部、对外经济贸易部、中国农业银行 9 个单位联合发布了《关于认真做好扶助农村贫困户工作的通知》，旨在进一步做好农村扶贫工作，以帮助农村贫困人口走出贫困。

该项政策的主要内容有以下四方面：一是对我国扶贫工作进行了定位。即扶助农村贫困户是党的一项重要政策，是完善农业生产责任制的一项重要内容，是社会主义制度优越性的具体体现。二是指出扶贫工作是在农村救济工作的基础上发展而来的，并提出了扶贫工作的具体思路。即要从实际出发，采取多方面的措施，着重"扶志"和"扶本"[1]。三是指出扶贫是一项综合性的工作，需各有关部门通力配合才能做好。对财政部门，商业、粮食、供销部门，外贸部门，农业、畜牧业部门，物资部门，教育部门和民政部门在扶贫工作中的职责范围进行了界定。四是指出扶贫工作要依靠集体、依靠群众，要动员社会力量予以广泛支持[9]。该项通知是首个在国家层面发布的对全国扶贫工作作出具体要求的文件，标志着扶贫工作真正意义上在国家层面成为一项重要工作任务。

3.《关于帮助贫困地区尽快改变面貌的通知》主要举措

受益于全国经济快速发展和农业现代化建设的红利，党的十一届三中全会以后，我国农村经济形势逐渐好转。由于自然资源禀赋存在不同程度的差异，全国农村地区发展不平衡的问题逐渐涌现出来，一些少数民族聚集地区、边远山区等地人口的温饱问题仍然没有得到有效解决。为了帮助上述地区的农村人口尽快走出生存性贫困，1984 年 9 月，中共中央发布了《关于帮助贫困地区尽快改变面貌的通

---

① 扶志，就是要加强思想教育，帮助贫困户树立摆脱贫困、奋发向上的志气，克服单纯依赖救济的思想。扶本，就是要从发展生产入手，生产自救，千方百计地帮助贫困户种好承包田、自留地，搞好多种经营，广开财路，增加收入，摆脱贫困。

知》，文件首先分析了国家为集中连片贫困地区投入大量扶持资金用于减贫却收效甚微的原因，即在政策实施过程中未能从实际出发，且资金使用分散，大部分被用于救济，只能够暂时缓解却不能根治贫困。进一步，文件明确了扶贫工作的指导思想，即国家对贫困地区投入必要资金支持，但是贫困地区改变落后面貌需主要依靠当地人民自身力量。

在明确扶贫工作指导思想的基础上，该文件规定了对贫困地区的具体帮扶措施，主要包括：第一，放宽政策，实行比一般地区更灵活、更开放的政策，给贫困地区农牧民以更大的经营主动权。第二，针对贫困地区人口，分情况减免农业税；鼓励进入贫困地区兴办开发性企业并给予其优惠政策。第三，通过修路等方式发展贫困地区的交通运输业，进而促进商品流通，加速商品周转。第四，重视贫困地区的教育，增加智力投资，加速培养适应山区开发的各种人才。

4.《关于进一步活跃农村经济的十项政策》主要举措

1985 年，经过一段时期的改革，农村经济逐渐呈现出良好态势，家庭联产承包责任制的实施显著提升了农民的生产积极性，干部群众创业热情高涨，主要农产品紧缺现象有所改善。但是，在以城市为重点的经济体制改革即将全面铺开的背景下，党中央认为，当时农村经济管理体制还不能很好地适应国家经济社会发展大环境，不利于农村经济的进一步发展。为了使农业生产更加适应市场需求，促进农村产业结构向合理化转变，进一步把农村经济搞活，中共中央于 1985 年 1 月颁布了《关于进一步活跃农村经济的十项政策》，十项政策主要包括：改革农产品统购派购制度；大力帮助农村调整产业结构；进一步放宽山区、林区政策；积极兴办交通事业；对乡镇企业实行信贷、税收优惠，鼓励农民发展采矿和其他开发性事业；鼓励技术转移和人才流动；放活农村金融政策，提高资金的融通效益；按照自愿互利原则和商品经济要求，积极发展和完善农村合作制；进一步扩大城乡经济交往，加强对小城镇建设的指导；发展对外经济、技术交流等[10]。

5.《关于加强贫困地区经济开发工作的通知》主要举措

国务院于 1987 年 10 月颁布了《关于加强贫困地区经济开发工作的通知》，首先肯定了我国扶贫工作已取得的成就，并认为经过一系列的调整，我国的扶贫工作已经从单纯救济式扶贫走向了综合开发式扶贫。接下来，文件指出当时我国的扶贫工作在落实方面存在一定问题，主要表现为发展不平衡、没有完全落实到户、温饱问题解决不够稳定等。进一步，该通知提出了我国在第七个五年计划实施期间的扶贫目标：在坚持改革的基础上，千方百计提高开发资金的使用效益，解决贫困地区大多数群众温饱问题，加快低收入人口脱贫致富的步伐，为逐步改变贫困地区经济、文化落后面貌创造条件。该项政策正式确立了开发式扶贫的指导思想，主要举措包括以下几方面：

第一，对贫困户的概念进行了界定，认为贫困户指的是那些还没有解决温饱问题的家庭；文件要求要逐乡、逐村、逐户调查，尽快彻底分清贫困户、五保户和救济户，要将扶贫工作落实到户。第二，文件对开发式扶贫手段作出了明确规定，主要包括利用本地资源优势发展商品经济、推行以工代赈和劳务输出、因地制宜兴办扶贫经济实体解决贫困人口的就业问题等。第三，扶贫项目要实行公开招标、承包开发的方式引进发达地区先进技术和企业管理经验，要注重提高扶贫资金的使用效益。第四，明确了扶贫资金要按照使用效益来分配，对于胡乱花钱、不讲效益的地区要追究责任，要在扶贫项目的前期准备和项目管理工作上下功夫。第五，该项政策把科技扶贫、贫困地区人口的智力开发和外来人才引进放到了扶贫工作的重要位置，主要包括引进科技成果、启用和培养农村乡土人才，同时制定优惠政策吸引外地人才等。第六，指出了无论是贫困县本身还是国家机关各部门，都要把贫困地区的经济开发作为工作重点，针对扶贫工作中作出重要贡献的部门、单位和个人，要予以表彰。

6.《国家八七扶贫攻坚计划》主要举措

1994 年，国务院颁布《国家八七扶贫攻坚计划》，该项政策的目标是从 1994 年到 2000 年，集中人力、物力、财力，动员社会各界力量，力争用 7 年左右的时间，基本解决目前全国农村 8 000 万贫困人口的温饱问题。该政策是 1994 年至 2000 年国家扶贫开发工作的纲领性文件，对当时扶贫工作的形式与任务、奋斗目标、方针与途经、资金的管理与使用、政策保障、部门任务、社会动员、国际合作、组织与指导方面均作出了明确细化的规定。与之前发布的扶贫政策有所不同的是，该文件明确指出了我国之后一个时期扶贫工作目标的量化指标，对扶贫工作的部署安排也更加系统化，内容有：

第一，该政策首先分析了我国当时扶贫工作面临的主要形势，贫困人口占比较低但是贫困深度更大，脱贫难度更高。当时贫困人口只占农村总人口的 8.87%，主要分布在国家重点扶贫的 592 个县，该类地区的特点是地处偏远、交通不便、生态失调、经济发展缓慢落后、生产生活条件恶劣，帮助其摆脱贫困需要面临更多挑战，解决更多难题。第二，该政策给出了更加具体的、可测度的扶贫目标，主要包括温饱指标、基础建设指标和教育文化卫生指标 3 类，具体见表 5.1。第三，以开发式扶贫为主导方针，扶贫方式主要包括通过兴办乡镇企业增加贫困户就业机会，依托各地区资源优势开发支柱性产业，对极少数生存和发展条件特别困难的村庄和农户，实行开发式移民，有组织地发展劳务输出等。第四，资金保障方面，自1994 年起再增加 10 亿元以工代赈资金，10 亿元扶贫贴息资金，随着财力的增长，国家对扶贫资金的投入还将继续增加；政策保障方面，主要包括信贷优惠政策、财税优惠政策、经济开发优惠政策等。第五，八七扶贫计划还对内贸和外贸部门，农林水部门，科教部门，工交部门，劳动部门，民政部门，民族工作部门，文化卫生和计划生育部门，财政、金融、工商、海关等部门的扶贫工作任务作出了具体规定；同时针对扶贫过程中的社会动员工作、国际合作以及组织与领导进行了部署安排。

表 5.1 《国家八七扶贫攻坚计划》 规定的扶贫工作目标

指标类别	覆盖对象	目 标
温饱指标	绝大多数贫困户	人均纯收入达到 500 元以上（按 1990 年不变价格）
	受扶持贫困户、有条件的区域	人均建成半亩①到一亩稳产高产的基本农田
		户均一亩林果园，或一亩经济作物
		户均向乡镇企业或发达地区转移一个劳动力
		户均一项养殖业，或其他家庭副业
	贫困牧区	户均一个围栏草场，或一个 "草库仑"
基础建设指标	592 个贫困县	基本解决人畜饮水困难
	592 个贫困县的绝大多数贫困乡镇和集贸市场、商品产地	绝大多数贫困乡镇和集贸市场、商品产地通公路
	592 个贫困县和绝大多数贫困乡	消灭无电县，绝大多数贫困乡用上电

---

① 亩为非法定计量单位，15 亩＝1 公顷，下同。——编者注

指标类别	覆盖对象	目　标
教育文化 卫生指标	592 个贫困县	基本普及初等教育，积极扫除青壮年文盲
		开展成人职业技术教育和技术培训，使多数青壮年劳力掌握一到两门实用技术
		改善医疗卫生条件，防治和减少地方病，预防残疾
		严格实行计划生育，将人口自然增长率控制在国家规定的范围内

7.《中国农村扶贫开发纲要（2001—2010 年)》主要举措

2000 年底，经过 7 年的扶贫开发，《国家八七扶贫攻坚计划》确定的战略目标基本实现。除了少数社会保障对象和生活在自然环境恶劣地区的特困人口，以及部分残疾人外，全国农村贫困人口基本走出生存性贫困，温饱问题得到解决。为了进一步巩固扶贫成果，在解决剩余贫困人口温饱问题的基础上，增加已脱贫人口的收入，为全面建设小康社会打下基础，2001 年 6 月，国务院颁发了《中国农村扶贫开发纲要（2001—2010 年)》，该项政策也是我国接下来的十年扶贫开发的指导性文件，主要举措有以下几方面：

第一，规定了我国在 2001 年至 2010 年期间扶贫开发的奋斗目标是尽快解决少数贫困人口温饱问题，进一步改善贫困地区的基本生产生活条件，巩固温饱成果，提高贫困人口的生活质量和综合素质，加强贫困乡村的基础设施建设，改善生态环境，逐步改变贫困地区经济、社会、文化的落后状况。第二，规定了开发式扶贫的基本方针，坚持综合开发和全面发展、可持续发展，坚持政府主导、全社会共同参与的方针。第三，规定了扶贫开发的对象是未解决温饱问题的贫困人口和刚刚解决温饱问题的贫困人口，扶贫重点区域是贫困人口集中的中西部少数民族地区、革命老区、边疆地区和特困地区。第四，规定了扶贫开发的主要举措是发展种养业、农业产业化经营、改善贫困地区的基本生产生活条件、加大科技扶贫力度、提高贫困人口科技文化素质、贫困地区劳务输出、生存条件恶劣和自然资源贫乏地区的自愿移民搬迁以及鼓励多种所有制经济组织积极参与。第五，规定了 2001 年至 2010 年期间，扶贫开发工作的政策保障主要包括进一步增加财政扶贫资金并加强资金管理，继续安排并增加扶贫贷款，与西部大开发战略相结合，开展党政机关定点扶贫工作和东西扶贫协作等，同时部署安排了该期间扶贫开发的组织领导工作。

（二）主要针对贫困妇女的专项扶贫政策

1978年至2010年，我国颁布了一系列能够惠及贫困妇女的政策措施：第一，保障妇女权益方面的政策涵盖了妇女的劳动就业、素质提升等方面的内容。1988年，《女职工劳动保护规定》指出，凡适合妇女从事劳动的单位，不得拒绝招收女职工。1992年颁布的《妇女权益保障法》规定，国家保障妇女享有与男子平等的劳动权利；各单位在录用职工时，除不适合妇女的工种或者岗位外，不得以性别为由拒绝录用妇女或者提高对妇女的录用标准。1999年，全国妇联和教育部、科学技术部颁发了《关于实施"女性素质工程"的意见》，明确了在全国范围内基本扫除青壮年妇女文盲的任务。2005年修订的《妇女权益保障法》要求用人单位在录用、签订劳动（聘用）合同或者服务协议时不得歧视妇女；国家保障妇女享有与男子平等的劳动权利和社会保障权利；各单位在录用女职工时应当依法与其签订劳动（聘用）合同或者服务协议，劳动（聘用）合同或者服务协议中不得规定限制女职工结婚、生育的内容。

第二，国家扶贫政策中的部分条款对促进男女平等起到重要作用，部分条款作出了适当向妇女倾斜的规定。如1979年颁布的《中共中央关于加快农业发展若干问题的决定》规定了要实行男女同工同酬；1994年颁布的《国家八七扶贫攻坚计划》指出要兴办家庭副业以及适合妇女特点的扶贫项目，配合劳动部门组织妇女劳务输出，组织妇女学习知识和技术等；1999年颁布的《关于实施"女性素质工程"的意见》提出要在全国范围内基本扫除妇女文盲的任务。《中国妇女发展纲要（1995—2000年）》对妇女事业发展的诸多方面作出了部署，涉及扶助贫困妇女的条款规定了要重视和扶持边远、贫困和少数民族地区妇女发展，到20世纪末，基本解决贫困妇女的温饱问题。《中国妇女发展纲要（2001—2010年）》规定了要加大对贫困地区教育的投入，为贫困地区妇女受教育创造条件，通过对口扶贫支教、启动远程教育扶贫项目等措施提高妇女的受教育水平。

三、政策实施效果

从全国农村地区贫困现象的改善情况来看，1978年至2010年期间，我国的扶贫事业完成了从单纯救济式扶贫向综合开发式扶贫的转变，扶贫开发被放在我国国民经济和社会发展的重要位置，并取得了显著成效，减贫成就可以从以下几方面来分析：第一，国内经济持续快速增长，1978 年至 2010 年，国内生产总值年均增长 15.4%[1]。第二，贫困人口数量大幅度减少，贫困发生率明显下降；按照 2010 年我国贫困标准[2]，我国贫困人口数量从 1978 年的 7.7 亿人下降至 2010 年的 1.66 亿人，贫困发生率从 97.5% 下降至 12.7%。第三，农村人口生活质量不断提高，1978 年至 2010 年期间，农村居民消费水平指数从 157.6 上升至 1 088.1，年均增长 6.0%，说明全国人民不同程度地享受到了经济增长带来的红利，结合贫困发生率数据来看，大量农村贫困人口受益于各项扶贫开发政策。虽然农村居民消费水平不断上涨，但仍远低于城镇居民消费水平，且二者之间差距不断加大，在农村居民生活水平不断提高的同时，贫富差距也在不断加大。

从妇女扶贫成效来看，第一，妇女保障机制逐渐完善。1978 年至 2010 年期间颁布的各项保障妇女权益的法律法规在法律制度层面保障了妇女的多方面权益。第二，扶贫重点县女性人均工资呈现上升趋势，但总体水平低于男性。2002 年至 2010 年，我国扶贫重点县女性人均年工资从 311 元上升至 1 150 元，男性人均年工资从 396 元上升至 1 327 元，男性年均工资比女性高 177 元（图 5.2）。第三，农村妇女技术水平上升，非农就业比例提高。《第三期中国妇女社会地位调查全国主要数据报告》显示，农村的在业女性中从事非农劳动的比例从 2000 年的 10.2% 上升到 2010 年的 24.9%。第四，农村妇女教育结构明显改善。从 1990 年、2000 年和 2010 年 3 年中不同学历农村妇女占比的变化情况可以看出，小学及以下学历妇女越来越少，初中、高中或中专、大专及以上学历的妇女占比不断增加（图 5.3）。

通过梳理有关政策不难发现，我国保障妇女权益、减轻妇女贫困的政策体系越来越完善，彰显了我国社会的平等与进步，但是，在政策的具体实施过程中，也存在着诸多挑战，具体表现在以下两方面：第一，妇女的政策参与积极性问题。可以看到，对贫困妇女有减贫作用的政策越来越全面和具体，但是到了政策执行层面，

---

[1]　此处年均增速为 1978 年至 2010 年期间国内生产总值（不变价）增速的几何平均数，基期为 1978 年。

[2]　人均年收入 2 300 元（按照 2010 年价格计算）。

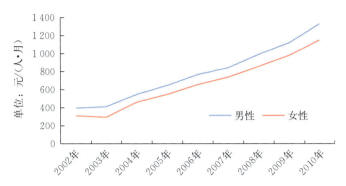

图 5.2　2002 年至 2010 年扶贫重点县男女平均工资变动情况

图 5.3　1990 年、2000 年和 2010 年不同学历农村妇女所占比例

尽管有工作人员的宣传和引导，但是依然存在政策参与积极性不高的问题，例如，内蒙古地区的扶贫政策规定，适龄妇女可以免费参加乳腺癌和宫颈癌体检，但是，即使体检是免费的，一些家庭的妇女也会因农忙或者外出等事项不参加体检[11]。第二，如何解决家庭内部不平等的问题。男女平等是家庭内部平等的重要决定因素，目前我国的扶贫政策以"户"为主要单位，此种扶贫方式暗含了一个假设，即资源在家庭内部分配是均等的，如果资源分配不均等，那么女性被剥夺的可能性更大，且此种不平等不易被观测到，如何解决该问题，逐步帮助贫困妇女走出多维贫困也是我国妇女扶贫工作面临的挑战之一。

第三节　本章小结

　　本章梳理了 1949 年至 2010 年的妇女扶贫实践，主要包括两类政策的制定和实施，一是能够惠及贫困妇女的普适性扶贫政策，二是专门针对妇女群体制定的，有利于贫困妇女脱贫的政策。按时间顺序来看，1949 年至 2010 年，我国妇女扶贫主要经历了两个阶段，第一阶段是 1949 年至 1977 年，该时期的妇女扶贫实践以保障妇女权利和满足贫困妇女基本生存需求为主，例如，《共同纲领》在法律层面规定了男女平等，土地改革保障了妇女的土地所有权，提高了农村地区的生产积极性，并为贫困人口走出生存性贫困奠定了重要基础；第二阶段是 1978 年至 2010 年，该时期妇女扶贫实践以贫困地区的综合性开发式扶贫为主，贫困妇女既能受益于国家颁布的普适性扶贫政策，也能受益于专门针对妇女群体的各类政策。1949 年至 2010 年，我国妇女保障机制不断完善，妇女工资水平逐渐提升，受教育水平不断提高，我国妇女扶贫实践取得了显著成效，为后期精准扶贫体系下一系列妇女扶贫政策的实施奠定了多方面基础。

参考文献

[1] 贾玉娇. 反贫困的中国道路：1978—2018 [J]. 浙江社会科学，2018，34 (6)：18-27.

[2] 朱小玲，陈俊. 建国以来我国农村扶贫开发的历史回顾与现实启示 [J]. 生产力研究，2012，27 (5)：30-32+261.

[3] 王改彦. 建国初期毛泽东反贫困思想——对新时代精准扶贫工作的启示 [J]. 陕西学前师范学院学报，2018，34 (12)：40-44.

[4] 王瑞芳. 告别贫困：新中国成立以来的扶贫工作 [EB/OL]. [2019-12-20]. http://hprc. cssn. cn/wxzl/gsqk/dangdaizh_21/diwuqi_5/zhailw/201001/t20100105_3968795. html.

[5] 中国人大网. 1956 年到 1967 年全国农业发展纲要（修正草案）[EB/OL]. [2019-12-20]. http://www. npc. gov. cn/wxzl/gongbao/2000-12/23/content_5000392. htm.

[6] 人民日报. 一九五三年二月四日在中国人民政治协商会议第一届全国委员会第四次会议上的报告 [EB/OL]. [2019-12-20]. http://hprc. cssn. cn/wxzl/wxysl/qgzx/diyi-

jiequanguo _ 7 _ 1 _ 1/disicihui/200909/t20090905 _ 3957542. html.

［7］人民网 . 1954 年政府工作报告 ［EB/OL］. ［2019 - 12 - 20］. http：//hprc. cssn. cn/wxzl/ wxysl/lczf/dishiyijie _ 10/200908/t20090818 _ 3955459. html.

［8］周彬彬 . 人民公社时期的贫困问题 ［J］. 经济研究参考，1992（Z1）：821 - 837.

［9］农牧渔业部等 9 部门关于认真做好扶助农村贫困户工作的通知 ［EB/OL］. ［2019 - 12 - 20］. http：//www. 110. com/fagui/law _ 163194. html.

［10］中共中央 国务院关于进一步活跃农村经济的十项政策 ［EB/OL］. ［2019 - 12 - 20］. http：//www. 360doc. com/content/17/0317/10/40171504 _ 637581973. shtml.

［11］聂常虹，陈彤 . 贫困与反贫困：2019 年度诺贝尔经济科学奖获奖工作评述 ［J］. 管理评论，2019，31（10）：3 - 9.

第六章　精准扶贫体系下的妇女扶贫政策安排

贫困妇女主要受益于两类扶贫政策，一是具有普惠性的扶贫政策，二是由各级妇联部门牵头、专门针对贫困妇女制定的扶贫政策。本章将妇女扶贫政策界定为能够使贫困妇女受益、并有利于其摆脱多维贫困的扶贫政策。本章将系统性梳理党的十八大以来各类妇女扶贫政策，同时关注应对新冠肺炎疫情冲击的最新扶贫政策安排，厘清当前政策导向，并分析当前妇女扶贫政策与我国进入高质量发展阶段后各项相关战略部署衔接时面临的"政策真空"。

改革开放以来，我国减贫事业取得历史性成就，贫困人口数量大幅度降低，年均脱贫人数在 1000 万人以上，农村居民生活水平和科学文化素质显著提升。但是，随着扶贫事业不断向前推进，剩余未脱贫人口普遍贫困程度深、脱贫难度大，以往"大水漫灌"的扶贫方式难以适应我国农村贫困新形势。2013 年 11 月，习近平总书记在湖南湘西考察时首次作出了"实事求是、因地制宜、分类指导、精准扶贫"的重要指示。2014 年 2 月，中共中央办公厅和国务院办公厅印发《关于创新机制扎实推进农村扶贫开发工作的意见》[1]，对精准扶贫工作模式进行了详细的顶层设计，推动了"精准扶贫"思想落地，同时也标志着我国扶贫事业进入精准扶贫阶段。

根据 2011 年颁发的《中国农村扶贫开发纲要（2011—2020 年）》，2014 年以来，以习近平总书记关于扶贫开发系列重要论述为指导，各部门密集出台了一系列扶贫政策，逐步形成了覆盖贫困户、贫困地区生产发展各领域的精准扶贫政策群。根据贫困治理侧重点不同，党的十八大以来我国颁布的各类扶贫政策大体上可分为以下四类：一是生产发展类扶贫政策，以辅助贫困户、贫困地区产业发展为导向，主要包括产业扶贫政策、金融扶贫政策、科技扶贫政策等；二是就业促进类扶贫政策，以为贫困人口创造就业机会为导向，主要包括就业扶贫政策，如以工代赈、劳务输出等；三是公共服务类扶贫政策，以增加和改善公共服务供给为导向，包括贫困地区基础设施建设、健康扶贫政策、教育扶贫政策等；四是精神文明建设类扶贫政策，以贫困地区乡村文明建设为导向，包括移风易俗、扶志行动等。此外，2020 年新冠肺炎疫情给脱贫攻坚带来了巨大挑战，我国政府在积极应对疫情冲击的同时，也及时调整扶贫政策，力保脱贫攻坚战顺利收官。本章将对上述四类扶贫政策现状和我国为应对新冠肺炎疫情冲击而新出台的扶贫政策进行详细梳理。

第一节　生产发展类扶贫政策安排

目前，经济收入匮乏是导致农村妇女陷入贫困的首要因素，而造成经济收入匮乏的原因是生产发展存在障碍因素，导致贫困妇女难以依托产业获得稳定持续的经济收入。障碍因素主要是在生产端和销售端产生，大致上有以下几个：第一，缺乏养殖、种植等产业发展的启动资金和创业资金；第二，市场信息不通畅等原因导致产品销售渠道受限；第三，农业生产经营有待实现规模化发展，小农种植、养殖的经济附加值低。为了让包括贫困妇女在内的贫困家庭通过产业发展脱贫致富，我国制定了扶贫小额信贷政策以解决贫困户在发展过程中的缺资金问题，制定了产业扶贫政策帮助贫困户因地制宜发展产业，制定了科技扶贫政策解决贫困户和贫困地区缺技术、产品经济附加值低的问题，制定了消费扶贫政策帮助贫困户拓展销售渠道，详述如下：

一、扶贫小额信贷

扶贫小额信贷政策是金融扶贫政策的重要组成部分，目标是为有贷款意愿、有就业创业潜质、技能素质和一定还款能力的建档立卡贫困户投放信贷，采取"5 万元以下、3 年期以内、免担保免抵押、基准利率放贷、财政贴息、县建风险补偿金"的放贷原则，为贫困户发展生产提供资金支持。随着精准扶贫的不断推进，国家对于贫困户申请和使用扶贫小额信贷的支持力度越来越大，同时为金融扶贫创造了更加宽松的制度环境。

2014 年 12 月，国务院扶贫办、财政部、中国人民银行、中国银行业监督管理委员会和中国保险监督管理委员会联合发布《关于创新发展扶贫小额信贷的指导意见》，对扶贫小额信贷政策的扶持对象、重点和方式等问题作出规定[1]；2015 年 11月，《中共中央 国务院关于打赢脱贫攻坚战的决定》发布，提出了要加大创业担保贷款、助学贷款、妇女小额贷款、康复扶贫贷款实施力度的要求；2015 年 12 月，《全国妇联关于在脱贫攻坚战中开展"巾帼脱贫行动"的意见》指出，全国妇联将推动妇女小额担保贷款财政贴息政策重点向贫困地区贫困妇女倾斜，努力降低政策门槛，帮助有创业意愿的贫困妇女解决资金困难。通过"女能人＋龙头企业＋合作社＋贫困妇女"等方式，帮助贫困妇女采用带资入股、参股分红或就业分红增加收入[2]；2018 年 6 月，《中共中央 国务院关于打赢脱贫攻坚战三年行动的指导意见》进一步放宽了建档立卡贫困户申请和使用扶贫小额信贷的条件，规定在风险可控前提下可办理无还本续贷业务，对确因非主观因素不能到期偿还贷款的贫困户可协助其办理贷款展期业务，同时为拓宽资金来源渠道创造便利条件，规定贫困地区企业首次公开发行股票、在全国中小企业股份转让系统挂牌、发行公司债券等实行"绿色通道"政策[3]。2019 年 7 月，结合扶贫小额信贷政策执行实际，《中国银保监会、财政部、中国人民银行、国务院扶贫办关于进一步规范和完善扶贫小额信贷管理的通知》发布，再次明确了扶贫小额信贷的政策要点、支持保障对象、贷款用途和贷款条件，同时对扶贫小额信贷管理过程中风险管理、违规用贷等诸多问题作出了详细规定[4]。

扶贫小额信贷有效缓解了贫困户在生产发展中的资金困难，从内蒙古某县扶贫小额信贷政策执行情况来看，当地小额贷款具有发放额度高、同比增速高、不良率低的特点，同时，当地小额贷款的贴息政策为减轻当地贫困户的借款负担发挥了重要作用[5]。

二、产业扶贫

产业扶贫是一种内生发展机制，目标在于促进贫困者与贫困区域协同发展，根植发展基因，激活发展动力，阻断贫困发生的动因[6]。产业扶贫是我国精准扶贫政策群的核心内容，贫困妇女是贫困人口的重要组成部分，在产业扶贫过程中发挥着"半边天"作用，是带动家庭脱贫致富的主力军。产业扶贫基于各地区自然资源禀赋，依托种植业、养殖业、旅游业进行，主要方式是通过开发适合当地发展实际的增收项目，力争让每个有条件的贫困户至少参与一项增收项目以实现脱贫致富。同时，我国也正在建立贫困地区资源开发收益分配机制、水电利益共享机制来助力贫困治理。

我国进入精准扶贫阶段以来，根据《中国农村扶贫开发纲要（2011—2020年)》，随着扶贫实践不断推进，加之供给侧改革、农业现代化发展、全社会数字化转型等带来诸多发展机遇，党和国家对产业扶贫的布局日渐完善，同时涌现出大量创新做法。2015年11月发布的《中共中央 国务院关于打赢脱贫攻坚战的决定》指出，要在贫困地区因地制宜发展种养业和传统手工业，加快一二三产业融合发展，让贫困户更多分享农业全产业链和价值链增值收益[3]；2016年1月发布的《全国工商联 国务院扶贫办 中国光彩会关于推进"万企帮万村"精准扶贫行动的实施意见》指出，通过"公司＋基地＋专业合作社＋农户"等模式发展特色种养业，同时发挥"互联网＋"的优势帮助贫困村、贫困户对接市场，拓宽线上线下销售渠道；2016年8月，由国家旅游局等8个部委和国家开发银行、中国农业发展银行联合发布的《关于印发乡村旅游扶贫工程行动方案的通知》对乡村旅游工程的推进实施作出了细化规定，指出要立足乡村自然资源，挖掘文化特色，开展乡村旅游扶贫八大行动，力争在"十三五"时期通过发展乡村旅游带动全国25个省（自治区、直辖市）2.26万个建档立卡贫困村、230万贫困户、747万贫困人口实现脱贫[7]。2016年12月颁布的《国务院关于印发"十三五"脱贫攻坚规划的通知》提出要支持各类新型经营主体通过土地托管、土地流转、订单农业、牲畜托养、土地经营权股份合作等方式，与贫困村、贫困户建立稳定的利益联结机制，使贫困户从中直接受益[8]。2018年6月发布的《中共中央 国务院关于打赢脱贫攻坚战三年行动的指导意见》进一步指出，要推动各市场主体与贫困村建立长期稳定的产销关系，推广以购代捐的扶贫模式，加快推进"快递下乡"工程，鼓励地方从实际出发利用扶贫资金发展短期难见效、未来能够持续发挥效益的产业，将产业扶贫纳入贫困县扶贫成效考核和党政一把手离任审计，引导各地发展长期稳定的脱贫产业项目[9]。

上述政策显示了党和国家对产业扶贫的顶层设计不断完善，保障机制日趋成熟，与乡村振兴战略的衔接特征逐渐显现。说明产业扶贫是乡村振兴的排头兵，当前产业扶贫实践累积的发展经验也是未来乡村振兴的有力抓手。产业扶贫政策为包括贫困妇女在内的众多贫困者提供了发展机会，不但能够帮助其脱贫，而且能够引领贫困者走向富裕。

三、科技扶贫

科技扶贫的目标是为贫困地区输入科技资源、人才资源以解决贫困地区在发展过程面临的科学技术、科技人才短缺的问题。科技扶贫主要是通过科技部门、东部发达地区、企业与贫困地区协作的方式开展。通过东西协作、企业扶贫、社会扶贫等方式，将先进的种植养殖技术、植物新品种、管理模式和发展模式引入贫困地区，为产业发展赋能，同时也能推动相关领域的科技成果应用和转化，真正实现"研以致用"。一直以来，科技扶贫在我国扶贫事业中都扮演着重要角色，精准扶贫阶段发布的所有综合性扶贫指导文件均对科技扶贫作出了重要说明，对于科技资源和人才与贫困地区的对接方式、合作模式给出了有针对性的指导意见。

2015 年 11 月，《中共中央 国务院关于打赢脱贫攻坚战的决定》指出，要发挥科技、人才支撑作用，加大科技扶贫力度，解决贫困地区特色产业发展和生态建设中的关键技术问题，推动技术成果转化等[10]；2016 年 10 月，中央网信办、国家发展改革委、国务院扶贫办联合发布《网络扶贫行动计划》，提出要实施"网络覆盖工程、农村电商工程、网络扶智工程、信息服务工程、网络公益工程"五大工程，充分发挥互联网先导力量和驱动作用，让互联网更多惠及贫困地区发展[11]，是科技扶贫的重要体现；2018 年 6 月，《中共中央 国务院关于打赢脱贫攻坚战三年行动的指导意见》指出，要动员全社会科技力量投入脱贫攻坚主战场，开展科技精准帮扶行动。以县为单位建立产业扶贫技术专家组，各类涉农院校和科研院所组建产业扶贫技术团队，重点为贫困村、贫困户提供技术服务，对于科技扶贫的规定更加明确，同时开始注重将社会科技力量引入贫困地区[9]。

四、消费扶贫

消费扶贫的目标是通过动员社会各方面力量、拓展贫困地区农特产品销售渠道来增加贫困地区农特产品的销售量，进而帮助贫困户获得更多销售收入。消费扶贫主要发力于贫困地区农特产品的销售端，是推动贫困地区农特产品从田间走向餐桌的重要环节，消费扶贫能够使包括贫困妇女在内的贫困人口普遍受益，有利于贫困家庭增加经济收入，改善经济贫困状况，进而降低贫困妇女经济贫困程度。

2019 年 1 月，《国务院办公厅关于深入开展消费扶贫助力打赢脱贫攻坚战的指导意见》从消费扶贫参与主体、贫困地区农产品流通和销售渠道、供给水平和质量作出了相关规定，指出要在生产、流通、消费各环节打通制约消费扶贫的痛点、难点和堵点，推动贫困地区产品和服务融入全国大市场[12]；同年 11 月，15 个部委联合发布《动员全社会力量共同参与消费扶贫的倡议》，指出各级党政机关、国有企事业单位、群团组织、金融机构、大专院校、医疗单位等是消费扶贫的关键力量，东部等发达省市是消费最旺盛、最活跃的地区，是推动消费扶贫工作的重要力量，广大民营企业、社会组织和个人是消费扶贫的重要支撑，对扩大消费扶贫规模、确保消费扶贫可持续具有重要作用，倡导全社会积极参与消费扶贫，为打赢脱贫攻坚战贡献力量[13]；2020 年 3 月，国家发展改革委印发《消费扶贫助力决战决胜脱贫攻坚 2020 年行动方案》，对 2020 年消费扶贫任务进行细化分解，明确各子任务的负责部门，旨在解决扶贫农畜产品滞销问题，化解新冠肺炎疫情给贫困地区农特产品销售带来的不利影响。

第二节　就业促进类扶贫政策安排

就业促进类扶贫政策的主要发力点是通过发展种养业、特色手工业等产业，通过劳务输出、以工代赈等方式，为贫困地区人口创造就业机会，增加其工资性收入水平。在一系列就业促进政策的作用下，大量贫困妇女获得就业机会，为其走出经济贫困提供了巨大助力。

2015 年 12 月，全国妇联发布了《全国妇联关于在脱贫攻坚战中开展"巾帼脱贫行动"的意见》，从就业创业、教育、健康、公益、精神文明等多个方面对贫困妇女脱贫作出了相关规定，其中与贫困妇女就业相关有以下三方面：

第一，以产业发展促进妇女就业，《全国妇联关于在脱贫攻坚战中开展"巾帼脱贫行动"的意见》指出要动员妇女积极参与种养业、传统手工业、乡村旅游、家政服务和农村电商等产业脱贫，产业发展对贫困妇女就业有较强的带动作用，具体做法包括发展传统手工业、企业在贫困地区兴办扶贫工厂、受雇于农业合作社等等[12]。为了给贫困妇女就业创造更多便利条件，由全国妇联牵头开展的"巾帼扶贫行动"在对促进贫困妇女就业的制度安排中，充分考虑了贫困妇女受教育程度低、进入就业市场存在弱势、需同时兼顾家庭和就业的现实情况。全国妇联组织开展了多种技能培训活动，如开展传统手工培训让贫困妇女能够通过做手工活的方式实现灵活就业；组织贫困妇女开展家政服务以增加其经济收入；建立农村合作社，开展规模化农业经营并雇佣贫困妇女参与劳动等。

第二，通过转移就业、劳务输出、以工代赈等方式带动贫困妇女就业，2016年12月，《关于切实做好就业扶贫工作的指导意见》发布，指出要通过开发岗位、劳务协作、技能培训、就业服务、权益维护等措施，帮助一批未就业贫困劳动力转移就业，同时，要加强劳务协作，各地要依托东西部对口协作机制和对口支援工作机制，开展省际劳务协作，同时要积极推动省内经济发达地区和贫困县开展劳务协作，鼓励地方对跨省务工的农村贫困人口给予交通补助[14]；通过各种方式为贫困地区劳动力创造就业机会一直是我国扶贫实践的重要内容，长期以来，通过转移就业、劳务输出、以工代赈等方式，包括贫困妇女在内的贫困劳动力获得就业机会和可持续的经济收入，为实现脱贫致富打下了重要基础。

第三节　公共服务类扶贫政策安排

一个地区的公共服务供给水平是决定当地居民生活质量的重要因素，长期以来，我国在扶贫实践中一直把增加公共服务供给当作重点内容推进。公共服务类扶贫政策的目标是通过加强贫困地区基础建设，增加教育、医疗、社会保障等公共服务供给，促进全国公共服务均等化，增加贫困地区人民的获得感。公共服务类扶贫政策可以大体分为四类，一是基础设施建设，二是教育扶贫，三是健康扶贫，四是社会保障兜底，详述如下。

一、基础设施建设

由于贫困地区基础设施建设水平与城市相比存在较大差距，加强贫困地区基础设施建设，补齐贫困地区基础设施短板一直是我国扶贫的重点内容。2014年2月，中共中央办公厅和国务院办公厅印发的《关于创新机制扎实推进农村扶贫开发工作的意见》提出了扶贫开发的10项重点工作，其中属于基础设施建设的有4项（村级道路畅通工作、饮水安全工作、农村电力保障工作和贫困村信息化工作）；2015年11月，《中共中央 国务院关于打赢脱贫攻坚战的决定》对贫困地区基础设施建设工作作出了更加细化的规定；2018年6月，《中共中央 国务院关于打赢脱贫攻坚战三年行动的指导意见》对基础设施建设扶贫标准作出规定，交通方面的基础设施建设要加快建成外通内联、通村畅乡、客车到村、安全便捷的交通运输网络；水利方面的基础设施建设要显著提高农村集中供水率、自来水普及率、供水保证率和水质达标率，到2020年全面解决贫困人口饮水安全问题；电力和互联网方面的基础设施建设到2020年要实现大电网延伸覆盖至全部县城，统筹推进网络覆盖、农村电商、网络扶智、信息服务、网络公益5大工程向纵深发展；人居环境整治方面要基本解决村内道路泥泞、村民出行不便等问题。

贫困地区的基础设施建设不但起到了使贫困地区"旧貌换新颜"的作用，使贫困人口的生产生活更加便利，而且为未来乡村振兴起到基础作用，例如交通基础设施建设、贫困村信息化工程对于发展乡村"数字经济"具有关键作用，是发展乡村经济的新引擎和先决条件。

二、教育扶贫

对于贫困妇女而言，教育扶贫能够为子女提供更多受教育机会，改善贫困地区学生上学条件，同时通过提供上学补助减轻家中子女教育方面的经济负担，进而改善家庭整体状况，降低贫困妇女的经济压力和心理负担。例如，2012年5月，《教育部 国家发展改革委 财政部 人力资源社会保障部 国务院扶贫办关于实施面向贫困地区定向招生专项计划的通知》发布，指出要在普通高校招生计划中专门安排适量招生计划，面向集中连片特殊困难地区（以下统称贫困地区）生源，实行定向招生，引导和鼓励学生毕业后回到贫困地区就业创业和服务[15]，对于专项计划考生，高校采取降线录取的方式，此举为贫困地区学生创造了更多接受高等教育的机会，能够更加有效的为贫困家庭积累人力资本，对于帮助贫困家庭摆脱贫困具有关键作用；2018年1月，教育部和国务院扶贫办联合发布《深度贫困地区教育脱贫攻坚实施方案》，提出要保障义务教育，着力解决"三区三州"义务教育"乡村弱、城镇挤"问题，发展学前教育、普及高中阶段教育、加快发展职业教育，加强乡村教师队伍建设等，对于建档立卡贫困户家庭学生，按照不同教育阶段分别给予不同标准的资助[16]。

三、健康扶贫

党的十八大以来颁布的健康扶贫政策内容主要围绕以下几方面展开：一是降低就医成本，如《中共中央 国务院关于打赢脱贫攻坚战三年行动的指导意见》指出要将贫困人口全部纳入城乡居民基本医疗保险、大病保险和医疗救助保障范围；《全国妇联关于在脱贫攻坚战中开展"巾帼脱贫行动"的意见》指出对建档立卡的"两癌"患病贫困妇女实行每人 1 万元的救助全覆盖[2]。二是提供健康服务，如《中共中央 国务院关于打赢脱贫攻坚战三年行动的指导意见》规定贫困地区妇女宫颈癌、乳腺癌检查和儿童营养改善、新生儿疾病筛查项目扩大到所有贫困县，优先为妇幼、老人、残疾人等重点人群开展健康服务和慢性病综合防控等。三是通过东西协作、社会扶贫等方式向贫困地区输送医疗资源，如《中共中央 国务院关于打赢脱贫攻坚战三年行动的指导意见》提出要深入实施医院对口帮扶，全国 963 家三级医院与 832 个贫困县的 1 180 家县级医院结对帮扶，为贫困县医院配置远程医疗设施设备，全面建成从三级医院到县医院互联互通的远程医疗服务网络。健康扶贫政策能够帮助贫困家庭节省就医成本，解决因病致贫、因病返贫的问题。

四、社会保障兜底

社会保障兜底类扶贫政策主要聚焦于完全或者部分丧失劳动能力的贫困人口，目标是通过低保、特困补助、临时救助等方式，保障这部分人群的基本生活。社会保障兜底类扶贫政策主要包括以下几种：一是农村低保政策，二是农村特困人员救助供养政策，三是临时救助制度，四是对"留守儿童、留守老人、留守妇女"等特殊困难群体的关爱帮扶政策，五是基本养老制度。

社会保障兜底类政策是我国精准扶贫政策体系的重要组成部分，针对农村地区存在大量因年龄、疾病等无劳动能力的贫困个体的现状，该类政策能够保障其基本生活需要，能够避免部分人群因无劳动能力而陷入生存性贫困。低保、特困补助等政策具有严格的纳入标准，在确定保障对象时需要经过一系列环节，并且最终结果需要公示，对于临时救助类政策，国家倡导设置一定的渐退期，实现稳定脱贫后再退出低保范围。

第四节　精神文明建设类扶贫政策安排

随着精准扶贫的不断推进，精神贫困问题逐渐凸显出来，精神贫困具有多种表现方式，如"等靠要"思想严重，家庭贫困的妇女沉迷手机、不思进取的现象时有发生，部分贫困妇女家庭观念淡薄，甚至走上了因婚致富的歪路[17]。精神贫困和经济贫困具有内在联系，精神贫困能够导致经济贫困，经济贫困又会进一步引发精神贫困。2018 年 6 月，《中共中央 国务院关于打赢脱贫攻坚战三年行动的指导意见》提出要开展扶贫扶志行动，防止政策养懒汉、助长不劳而获和"等靠要"等不良习气，加强对高额彩礼、薄养厚葬、子女不赡养老人等问题的专项治理，把扶贫领域诚信纳入国家信用监管体系，将不履行赡养义务、虚报冒领扶贫资金、严重违反公序良俗等行为人列入失信人员名单[9]。同年 11 月，13 个部委联合发布《关于开展扶贫扶志行动的意见》，指出要注重改进帮扶方式，激发贫困群众立足自身实现脱贫的信心决心，形成有劳才有得、多劳多得的正向激励，树立勤劳致富、脱贫光荣的价值取向和政策导向，增强贫困群众自我发展能力，确保实现贫困群众持续稳定脱贫[18]。

扶贫扶志的提出体现了政策制定者与政策需求方不断互动的公共治理过程。事实上，精神贫困危害性极大，部分陈规陋习可能是一个家庭陷入贫困的首要原因，笔者在 2019 年深入内蒙古某国家级贫困旗调研时发现，由于当地存在高额彩礼的婚俗，某家庭为了帮助儿子结婚借钱支付女方彩礼，且借钱金额远远超过该家庭能够承受的范围，婚后由于女方逃离最后"人财两空"，导致全家陷入严重贫困境地。同时，深入分析该案例可以发现，性别歧视在其中也发挥了重要作用，长期以来，由于夫妇双方的男孩偏好可能导致适龄男性偏多，而女性偏少，进而造成女性在婚姻市场中的"稀缺"，从而引发一系列"骗婚""因婚致富"等不良社会风气。

对于精神贫困现象的治理，我国主要举措有以下几方面：一是利用各种媒体平台，营造良好的舆论环境；二是通过"爱心超市"以积分换物品等方式，将物质激励与良好习惯的培养结合起来，逐步引导存在精神贫困的个体建立良好习惯，走出贫困。三是通过典型示范的方式，激发贫困群体的劳动积极性；四是改变简单的发钱发物式帮扶，杜绝"保姆式"扶贫。

第五节　新冠肺炎疫情冲击和脱贫决胜期
叠加背景下的扶贫政策安排

2020 年初，新冠肺炎在全国蔓延，给国内生产生活带来严重困难，同时也给脱贫攻坚带来巨大冲击。2020 年是我国脱贫攻坚的收尾之年，剩余未脱贫人口贫困深度大、脱贫难度高，加之新冠肺炎疫情的冲击，脱贫攻坚面临着严峻的考验。为应对新冠肺炎疫情带来的贫困地区农特产品流通难、农民工返程难等一系列挑战，圆满完成脱贫任务并与乡村振兴成功衔接，党和国家作出了应对新冠肺炎疫情期间包括农特产品生产、流通、销售和贫困人口就业在内的一系列政策部署，详述如下：

一、生产环节：疫情之下的春耕安排

新冠肺炎疫情在我国大面积蔓延时正值春耕，春耕对于种植业而言至关重要，新冠肺炎疫情冲击给春耕带来了农资供应紧张、防控压力大等困难。2020 年 2 月，《农业农村部办公厅　国务院扶贫办综合司关于做好 2020 年产业扶贫工作的意见》发布并指出要做好春耕备耕工作，加强农资调配和市场供应[19]；2020 年 3 月，《中央应对新型冠状病毒感染肺炎疫情工作领导小组关于印发当前春耕生产工作指南的通知》发布，对于恢复春播生产秩序、推动农资企业复工复产、保障农资供应等春耕过程中面临的一系列问题作出了详细规定，指出要压实粮食安全省长责任制，同时调动农民种粮积极性、稳定春播粮食面积，要分级分类尽快恢复春耕生产秩序、分区按时抓好春管春耕、保障春耕生产农资供应、抓好科学防灾减灾、创新方法开展指导服务等。

二、流通环节：解决农特产品滞销问题

新冠肺炎疫情蔓延期间，全国绝大多数地区采取了"封城""封村""封路"的

严格防控措施，疫情得到有效控制，但是给贫困地区农特产品流通带来了较大困难，农产品"滞销"问题突出，相关人群的经济收入受到冲击，部分已脱贫人群面临较高返贫风险。在此背景下，农业农村部和国务院扶贫办联合发布《农业农村部办公厅 国务院扶贫办综合司关于做好 2020 年产业扶贫工作的意见》（以下简称《意见》），针对疫情给扶贫带来的一系列难题，作出了相应部署。《意见》指出，要全力应对疫情对产业扶贫的影响，制定滞销卖难农产品应急销售方案，把贫困地区农产品作为疫情防控期间"菜篮子"产品有效供给的重要来源，推动产区和销区构建"点对点"的对接关系，协调优化鲜活农产品运输"绿色通道"政策，抓好因疫情造成的部分贫困地区农产品"卖难"问题[19]；商务部、国务院扶贫办联合发布《关于切实做好扶贫农畜牧产品滞销应对工作的通知》，指出要着力解决扶贫农产品滞销问题，协调公安、交通运输等部门，畅通省内省际扶贫农畜牧产品运输，确保车辆应享尽享"三不一优先"（不停车、不检查、不收费、优先通行）等鲜活农产品"绿色通道"政策[20]。

三、销售环节：集社会各界力量助力消费扶贫

新冠肺炎疫情给我国经济带来较大冲击，内需低迷，除了生产和流通环节面临困难外，贫困地区农特产品的销售也面临困难。与此同时，电商平台为疫情期间保障民众基本生活作出了重要贡献，大多数民众出于居家防疫需要，将线下购买力转移到线上。为了推动农特产品销售，顺利推进产业扶贫，结合疫情期间"数字经济"的亮眼表现，多个部门发布政策，基于疫情带来的"销售"挑战作出一系列部署。例如《意见》指出，要强化贫困地区特色农产品信息监测、预警和发布，推动电商平台开展扶贫专卖[19]；同时，国家发展改革委印发《消费扶贫助力决战决胜脱贫攻坚 2020 年行动方案》（以下简称《行动方案》），28 个国家部门联合开展消费扶贫，《行动方案》指出，各部门、各单位要整合资源形成合力，共同打通在消费、流通、生产各环节制约消费扶贫的痛点、难点和堵点，积极开展产销对接，切实解决贫困地区农畜产品滞销问题，多渠道促进贫困地区旅游服务消费，最大程度化解新冠肺炎疫情对贫困地区农产品销售和贫困群众增收带来的不利影响[21]。

四、就业环节:"点对点"服务支持农民工返程复工

疫情也给贫困人口就业带来较大困难,在新冠病毒大范围传播的背景下,农民工返程复工难和企业用工难现象并存,为此,人力资源和社会保障部上线农民工返岗复工点对点用工对接服务平台,支持企业在线填报员工返岗需求,支持各地根据企业需求组织农民工成规模、成批次"点对点"安全有序返岗,推动企业复工复产。2020 年 4 月,《人力资源社会保障部办公厅关于开展 2020 年人力资源服务机构助力脱贫攻坚行动的通知》发布,对疫情造成的贫困人口就业难题作出了安排和部署,如开展应对疫情助力贫困劳动力外出务工行动、人力资源服务机构精准对接行动、专场招聘行动、就业创业指导行动等[22];2020 年 6 月,《人力资源社会保障部办公厅关于做好疫情防控常态化条件下技能扶贫工作的通知》发布,指出要通过技能培训、以工代训等方式全面做好疫情防控常态化条件下技能扶贫工作[23];家政扶贫是就业扶贫的重要组成部分,为了应对疫情给家政工作带来的冲击,10 部门发布了《关于巩固拓展家政扶贫工作的通知》,指出要加强家政扶贫供需精准对接、巩固家政扶贫成果、吸纳更多贫困劳动力从事家政服务、强化政策支持和加强组织领导[24]。

第六节　本章小结

党的十八大以来,党和国家、各有关部门密集发布了一系列以精准扶贫为目标的政策,形成了"大扶贫"格局,帮助大量贫困人口脱贫致富,同时也为乡村振兴打下了良好基础。本章简要介绍了党的十八大以来的精准扶贫政策群,按照扶贫政策侧重点不同,将其分为生产发展类扶贫政策、就业促进类扶贫政策、公共服务类扶贫政策和精神文明类扶贫政策。2020 年是我国决胜脱贫攻坚的收尾阶段,同时在 2020 年初我国遭受了新冠肺炎疫情的严重冲击,给全社会各个领域带来了巨大的负面影响,为了应对新冠肺炎疫情冲击,各有关部门密集发布了一系列政策,部署新冠肺炎疫情期和脱贫攻坚决胜期交汇阶段的扶贫工作,本章在第五节进行了简要介绍,着重说明了疫情之下我国如何推动农特产品生产、流通、销售和贫困人口就业。

参考文献

[1] 人民网. 中办国办印发《关于创新机制扎实推进农村扶贫开发工作的意见》（全文）［EB/OL］.［2020－08－02］. http://www.cpad.gov.cn/art/2014/2/13/art_46_12338.html.

[2] 国务院扶贫办行政人事司. 关于创新发展扶贫小额信贷的指导意见［EB/OL］.［2020－08－02］. http://www.cpad.gov.cn/art/2014/12/15/art_46_23778.html.

[3] 全国妇联. 全国妇联关于在脱贫攻坚战中开展"巾帼脱贫行动"的意见［EB/OL］.［2020－08－03］. http://www.cpad.gov.cn/art/2015/12/7/art_1747_662.html.

[4] 中国银行保险监督管理委员会. 中国银保监会 财政部 中国人民银行 国务院扶贫办关于进一步规范和完善扶贫小额信贷管理的通知［EB/OL］.［2020－08－02］. http://www.cpad.gov.cn/art/2019/7/18/art_46_100343.html.

[5] 邓忠，曹建华，刘德发. 扶贫小额信贷"贷动"贫困户脱贫——对锡盟多伦县扶贫小额信贷效果的调查［J］. 北方金融，2020，41（7）：105-107.

[6] 胡振光，向德平. 参与式治理视角下产业扶贫的发展瓶颈及完善路径［J］. 学习与实践，2014，31（4）：99-107.

[7] 国家旅游局. 关于印发乡村旅游扶贫工程行动方案的通知［EB/OL］.［2020－08－02］. http://www.cpad.gov.cn/art/2016/8/11/art_1747_672.html.

[8] 国务院. 国务院关于印发"十三五"脱贫攻坚规划的通知［EB/OL］.［2020－08－02］. http://www.cpad.gov.cn/art/2016/12/3/art_46_56101.html.

[9] 新华社. 中共中央 国务院关于打赢脱贫攻坚战三年行动的指导意见［EB/OL］.［2020－08－02］. http://www.cpad.gov.cn/art/2018/8/20/art_46_88282.html.

[10] 新华社. 中共中央 国务院关于打赢脱贫攻坚战的决定［EB/OL］.［2020－08－02］. http://www.cpad.gov.cn/art/2015/12/7/art_46_42386.html.

[11] 中国网信网、中央网信办、国家发展改革委、国务院扶贫办联合发文 加快实施网络扶贫行动［EB/OL］.［2020－08－03］. http://www.cpad.gov.cn/art/2016/10/27/art_1747_744.html.

[12] 国务院办公厅. 国务院办公厅关于深入开展消费扶贫助力打赢脱贫攻坚战的指导意见［EB/OL］.［2020－08－03］. http://www.cpad.gov.cn/art/2019/1/15/art_1461_

93105. html.

[13] 财政部．动员全社会力量共同参与消费扶贫的倡议［EB/OL］．［2020－08－03］. http://www. gov. cn/xinwen/2019－11/09/content＿5450382. htm.

[14] 财政部．关于切实做好就业扶贫工作的指导意见［EB/OL］．［2020－08－03］. http:// www. cpad. gov. cn/art/2016/12/13/art＿46＿56381. html.

[15] 教育部与5部门．教育部 国家发展改革委 财政部 人力资源社会保障部 国务院扶贫办 关于实施面向贫困地区定向招生专项计划的通知［EB/OL］．［2020－08－03］. http:// www. cpad. gov. cn/art/2012/5/2/art＿50＿23713. html.

[16] 教育部．两部门关于印发《深度贫困地区教育脱贫攻坚实施方案》的通知［EB/OL］. ［2020－08－03］. http://www. cpad. gov. cn/art/2018/2/27/art＿46＿79213. html.

[17] 聂常虹，王雷．我国贫困妇女脱贫问题政策研究［J］．中国科学院院刊，2019，34 （1）：51－59.

[18] 国务院扶贫办政策法规司．关于开展扶贫扶志行动的意见［EB/OL］．［2020－08－03］. http://www. cpad. gov. cn/art/2018/11/19/art＿46＿91266. html.

[19] 农业农村部发展规划司．农业农村部办公厅 国务院扶贫办综合司关于做好2020年产业 扶贫工作的意见［EB/OL］．［2020－08－03］. http://www. cpad. gov. cn/art/2020/2/ 28/art＿46＿113261. html.

[20] 商务部．商务部 国务院扶贫办关于切实做好扶贫农畜牧产品滞销应对工作的通知 ［EB/OL］．［2020－08－03］. http://www. cpad. gov. cn/art/2020/4/11/art＿46＿ 118425. html.

[21] 国家发展和改革委员会．消费扶贫助力决战决胜脱贫攻坚2020年行动方案［EB/OL］. ［2020－08－03］. http://www. cpad. gov. cn/art/2020/3/20/art＿46＿116022. html.

[22] 人力资源社会保障部．人力资源社会保障部办公厅关于开展2020年人力资源服务机构 助力脱贫攻坚行动的通知［EB/OL］．［2020－08－03］. http://www. cpad. gov. cn/art/ 2020/4/22/art＿46＿119661. html.

[23] 人力资源社会保障部．人力资源社会保障部办公厅关于做好疫情防控常态化条件下技 能扶贫工作的通知［EB/OL］．［2020－08－03］. http://www. cpad. gov. cn/art/2020/6/ 10/art＿46＿126248. html.

[24] 商务部．商务部 人力资源社会保障部 国务院扶贫办等10部门关于巩固拓展家政扶贫 工作的通知［EB/OL］．［2020－08－03］. http://www. cpad. gov. cn/art/2020/6/12/art＿ 46＿126601. html.

第七章　中国妇女扶贫典型案例分析

本章选取了内蒙古自治区、甘肃省、贵州省和安徽省 4 个省份作为研究样本，基于课题组于 2019 年 7 月赴内蒙古实地调研的问卷数据和北京大学中国社会科学调查中心发布的 2018 年中国家庭追踪调查个体层面数据，对 4 个样本地区的妇女扶贫政策及典型案例展开分析。首先，结合数据分析结果阐述了样本地区农村贫困妇女概况及致贫原因；其次，简要介绍了样本地区的扶贫政策；最后，选取部分案例进行分析，以阐述 4 个样本地区在妇女扶贫方面值得借鉴的典型做法。

第一节　内蒙古自治区妇女扶贫政策及典型案例

本节以内蒙古自治区贫困妇女为研究对象，阐述了内蒙古妇女贫困情况以及当地政府采取的典型扶贫措施。2019 年 7 月，课题组赴内蒙古地区的两个国家级贫困旗县（以下简称"国贫旗"）调研，实地走访了 120 个建档立卡贫困户，并采访了这些家庭的妇女，以了解当地妇女贫困状况及妇女扶贫政策运行情况。本节基于实地调研获得的访谈资料和问卷数据（样本量为 120），深入分析内蒙古地区妇女贫困状况，并详细介绍当地妇女扶贫的典型案例。

一、当地农村贫困妇女概况与致贫原因

（一）当地农村贫困妇女概况

第一，从健康方面来看，当地农村贫困妇女整体健康状况不佳，部分贫困妇女因病丧失了劳动能力。76％的访谈对象或是身患大病，久治不愈，需长期卧床静

养，或是患有慢性疾病，或是身体经常感到不舒服（图7.1）。从患病类型来看，尿毒症、乳腺癌等重大疾病使部分贫困妇女丧失劳动力，糖尿病、心脏病、高血压、风湿、脑梗等慢性疾病是困扰当地贫困妇女的主要疾病，这些疾病治疗周期长且不易根治，需长期服用药物，给生活质量带来了严重的负面影响；仅有24％的贫困妇女身体健康或身体偶尔不舒服但无大碍。

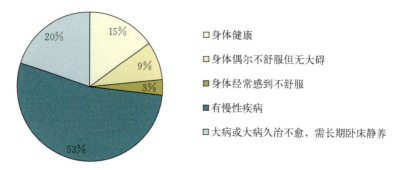

图7.1　内蒙古自治区样本地区贫困妇女身体健康状况

第二，从受教育水平来看，当地农村贫困妇女的受教育水平较低。95％以上的贫困妇女受教育水平在初中以下，42.5％贫困妇女小学尚未毕业就辍学回家，23.3％贫困妇女甚至没有上过学，务农成为主要谋生手段，同时，由于贫困妇女需要兼顾家庭事务，因此选择外出打工的比例相对较低。尽管当地贫困妇女受教育水平整体比较低，但却对子女教育问题的重视程度非常高，在实地调研中，家中有学龄子女的贫困妇女均表示，会竭尽全力支持子女读书，尊重子女的求学意愿，她们认为学习是改变命运的唯一途径。

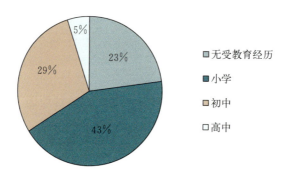

图7.2　内蒙古自治区样本地区贫困妇女受教育水平

第三，从精神状态来看，当地44％贫困妇女生活态度积极、乐观，在多重负担之下依然自强不息，通过自身努力寻求脱贫致富途径，一直为改善生活而不断努力；48％的贫困妇女精神状态一般，8％的贫困妇女精神状态欠佳，对生活缺乏希望（图7.3）。在调研过程中发现，个别贫困妇女存在"等、靠、要"思想，生活态度消极、得过且过，对国家扶贫政策和社会帮助有较强的生活依赖心理。

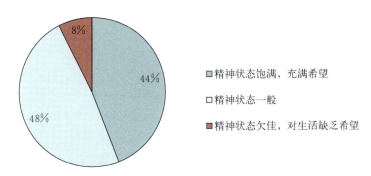

図7.3　内蒙古自治区样本地区贫困妇女精神状态

第四，从婚姻状况来看，当地个别村庄的贫困妇女离婚率较高。在实地调研中发现，造成离婚的原因如下：一是夫妻异地生活带来情感疏离，如个别地区部分年轻农村妇女进入县城陪读、丈夫外出打工等原因造成夫妻两地分居，长期分居导致部分年轻夫妻的离婚率显著升高；二是家庭暴力也是导致离婚的重要原因，由于丈夫酗酒、赌博引发家庭矛盾，进而出现家庭暴力，造成了个别夫妻陷入离异状态。离婚进一步导致贫困妇女一人肩负着维持生计、抚养子女、承担子女教育医疗等各项费用的重担，进而出现身体因负荷过重患病、难以继续从事维持生计劳动的现象，进入了贫困的恶性循环。

（二）当地农村贫困妇女致贫原因

经过实地调研走访，发现导致当地农村妇女陷入贫困的原因有以下4个：第一，自己或家人患病。通过实地调研走访发现，有40.3％的贫困妇女因病致贫。一方面，当贫困妇女本人或家庭成员患有慢性疾病或重大疾病时，可能出现大额的医疗费用支出，一些慢性疾病还需要长期服用药物，每年的医药费超出家庭可承受范围。另一方面，一些重大疾病会造成家庭成员丧失劳动能力，减少了家庭收入来源。两方面原因都可能导致贫困。第二，难以负担子女上学花费。实地调研发现，因学致贫比例占 30.8％，家中有上学子女的贫困妇女普遍认为求学是改变家庭贫困的最好途径，会竭尽全力供子女上学。但有的贫困家庭子女较多，随着子女受教育时间的增加，每年在子女教育上的花费也逐年增长，可能导致贫困。第三，家中缺乏劳动力。当地农村人口的主要收入来源是务农、养殖、外出打工，劳动力是维持家庭稳定收入的保障，缺乏劳动力将直接导致家庭收入匮乏，最终使家庭陷入贫困。实地调研发现，因缺乏劳动力致贫家庭占比 18.6％。例如，调研中某妇女因家庭暴力离异，家中只剩下自己一个劳动力，生活拮据，为了维持生计和保障子女上学长期超负荷劳动，导致自己积劳成疾，陷入更加贫困的境地。第四，自身脱贫动力不足。个别家庭的妇女及其丈夫缺少脱贫致富的内生动力，行为懒散，得过且过，"等、靠、要"思想严重，对国家扶贫政策依赖性较强，将脱贫的希望寄托于国家政策和社会救助。

二、当地政府出台的扶贫政策

以建档立卡贫困户纳入标准为基础，内蒙古自治区的帮扶措施主要围绕产业扶贫、教育扶贫、健康扶贫、社会保障兜底、生态补偿 5 个方面展开。

产业扶贫方面，内蒙古地区的产业扶贫政策主要以养殖业为主，课题组调研的两个国贫旗（以下简称 A 旗和 B 旗）做法各有不同：在 A 旗，贫困户可以在政府的补贴下购买生产性资产，具体来看，贫困户可在牛、羊和驴中任选一种养殖，政府按人均 1 万元的标准补贴并规定购买后只能用于繁殖，不得出售。贫困户可以通过出售幼崽增加收入，借此实现增收脱贫的目标。B 旗将产业扶贫与金融扶贫相结合，引导贫困户通过贷款购买基础母牛，同时根据贫困户家庭实际情况，将其划分为"能贷能养""能贷不能养""不能贷能养"和"既不能贷又不能养" 4 种类型，推行自养、托养、代养等养牛模式，促进贫困户增收。金融扶贫指的是针对建档立卡贫困户，与中国农业银行、内蒙古农村信用社等银行合作，推出小额信贷金融产品，5 万元以下、3 年期以内的贷款，采用免担保免抵押按基准利率放贷，同时符合要求的贷款可以获得财政贴息，为贫困户提供资金来源，带动贫困家庭实现可持续脱贫。

教育扶贫方面，主要做法是分阶段对贫困家庭的在校学生发放不同标准的经济补助，如小学阶段在校生每人每学年发放 1 800 元补助、初中阶段每人每学年发放 2 000 元、高中阶段每人每学年发放 2 400 元、大学阶段每人每学年发放 1 万元（涵盖在校生和新入学的专科生、本科生）。教育扶贫政策可以减轻贫困妇女家庭的经济负担，防止贫困家庭的学生因贫困中途辍学；同时具有特殊情况的家庭，当地政府和学校会给予格外照顾。例如，A 旗境内的一个贫困妇女家庭是特困家庭，家中父母年长、身体欠佳，该妇女患有骨髓瘤，一年内住院时间长达 6 个月，儿子在读小学，女儿读高三，医疗负担和儿女教育负担沉重，经当地驻村干部、村领导与其子女所在学校沟通后，为其减免了学费及食宿费用，减轻了家庭负担。

健康扶贫方面，贫困患者享有基本医保、大病保险等多种政策保障，包括 25 种大病集中救治，对住院费用的实际报销比例达 90%，此外还有 41 种慢性病的送医配药服务，旨在解决贫困家庭的看病难、看病贵问题。

在社会保障兜底方面，内蒙古自治区的主要帮扶措施包括最低生活保障、特困供养、临时救助和医疗救助等，该类帮扶措施主要针对缺乏劳动能力的贫困者和孤寡老人，旨在满足其最基本的生活需要，以实现当地农村贫困人口的"两不愁、三保障"（不愁吃、不愁穿，义务教育、基本医疗和住房安全有保障）基本目标。

调研地每个村均设有生态护林员的公益工作，每人每年可以获得 1 万元的补贴。各村的生态护林员工作一般由贫困家庭成员来承担，通过为其提供有报酬的就业机会增加贫困家庭的收入。

三、当地妇女扶贫典型案例——"爱心超市"

秉持扶贫先扶志的原则，当地政府和妇联为鼓励贫困妇女以积极、乐观态度面对生活，改善家庭生活水平，在当地推广了"爱心超市"活动，以物品激励的方式使贫困家庭培养良好卫生习惯，改善生活质量。"爱心超市"是由当地政府主导，每个月村干部给当地贫困户的家庭卫生环境评分，贫困妇女可以按照所得分数换取等值的"爱心超市"兑换券，可以自由选择并兑换生活所需物品，其中"爱心超市"的商品来源于当地政府和社会的慈善捐赠。"爱心超市"旨在激发贫困群众脱贫致富的积极性，培养当地贫困妇女良好的家庭卫生习惯。

A 旗"爱心超市"由妇联会和旗委统战部共同组织管理，B 旗则由统战部组织管理。"爱心超市"按照"政府主导、各方参与、社会协同、百姓受益"的原则，规范精准扶贫"爱心超市"管理工作，大胆创新，制定运行管理实施方案，创新出台"11211"的精准扶贫"爱心超市"管理模式（即一户一卡、两送、一柜台、一对账），推进精准扶贫"爱心超市"的扎实运营。其打分规则主要包括室内外的卫生、厨房卫生、个人卫生、扶贫政策知晓情况等。A 旗"爱心超市"运营良好，该旗将原有的 19 家精准扶贫"爱心超市"整合，统一设立了 8 家精准扶贫"爱心超市"，让村民兑换的商品质量有了更好的保障，在一定程度上改善了贫困户的生活卫生习惯。

第二节　甘肃省妇女扶贫政策及典型案例

本节介绍了甘肃省妇女扶贫政策及典型案例，首先，基于北京大学中国社会科学调查中心发布的 2018 年中国家庭追踪调查（CFPS）个体层面数据，筛选研究样本并分析甘肃省贫困妇女特征和致贫原因；接下来，介绍了甘肃省典型扶贫政策及妇女扶贫典型案例。

一、当地农村贫困妇女概况与致贫原因

（一）当地农村贫困妇女概况

甘肃位于我国西北地区，贫困人口较多，2018 年甘肃省未脱贫人数 121 万人，占全国未脱贫人数的 7.3%。

第一，从健康方面来看，当地农村贫困妇女整体呈现健康状况不佳的特点。根据 CFPS 数据中贫困妇女的健康自评结果，认为自己非常健康和很健康的贫困妇女比例为 21.3%；37% 的贫困妇女认为自己比较健康；认为自己健康状况一般的贫困妇女比例为 5.7%；有 35.7% 的贫困妇女认为自己不健康。由于当地农村贫困妇女所处的特殊环境，致使当地贫困妇女多数患有高原病、心脏病、高血压、风湿、大骨节病等慢性疾病，这些疾病治疗周期长，治愈难度大，患者需长期服药来维持身体现状；部分贫困妇女患有癌症，缺乏劳动能力，难以通过劳动获得经济收入，且此类疾病治疗费用昂贵，加重了家庭负担，使贫困妇女家庭深陷贫困。

第二，从受教育水平来看，当地农村贫困妇女受教育水平普遍较低。根据CFPS数据分析结果，2018年甘肃农村贫困妇女的平均受教育年限仅为 3.0 年。文献资料显示在甘肃省农村贫困妇女中，文盲人口接近 30％，在最贫困的高寒阴湿和少数民族地区，50％以上贫困家庭中的妇女是文盲，有受过教育经历的贫困妇女，大多数小学还未毕业就辍学回家。受教育水平较低极大限制了贫困妇女自身的发展，使其大多从事低技能、低经济回报的劳动。

第三，从思想观念来看，由于甘肃贫困地区地处我国西北部，地形多为山地，交通不便。当地贫困妇女习惯于封闭传统的生活方式，整体文化素质较低，思想较为保守。甘肃贫困地区农村文化、教育、卫生等各项事业的发展均大幅度落后于东部、南部沿海地区，直接阻碍了当地农村贫困妇女综合素质的提升和对发展机会的把握。农村贫困妇女文化素质低，抑制了她们自身发展、创新能力的提高。同时由于贫困妇女思想观念较为保守，贫困妇女外出务工意愿低，对新事物接受能力较低，给脱贫致富带来了一定阻力。

（二）当地农村贫困妇女致贫原因

甘肃省农村贫困妇女的致贫原因包括以下四方面：

第一，自己或家人患病，甘肃省贫困妇女中因病致贫比例为 38.4％，当贫困妇女的家庭成员患有慢性疾病或重大疾病时，会给其家庭带来严重经济负担。由于当地农村家庭经济基础相对薄弱，一旦家中出现家庭成员患病，极容易将整个家庭拖进贫困的泥沼。一个普通家庭难以负担重大疾病所带来的经济负担，当家庭成员患有重大疾病时，一次住院治疗可能花光家中全部积蓄，甚至因此欠下大量外债。

第二，自然条件贫瘠。甘肃省地形多沟壑，植物覆盖率较少，水土流失情况严重，年降水量稀少，是我国最干旱的地区之一。甘肃的贫困地区大多位于生态脆弱地带，中部干旱地区水资源匮乏，许多地方生活用水明显不足；南部高寒阴湿山区和少数民族地区，多高山大川，可用于耕种的农田面积不足，土壤贫瘠，且农作物产量较低，境内高山、沟壑、河道面积较大，气候寒冷阴湿，旱、涝、冻、雹、泥石流等自然灾害频繁，农业生产条件极为恶劣。甘肃省当地自然条件的恶劣和基础设施的不足，还可能对已经取得的扶贫成果造成一定冲击，一些刚脱贫解决温饱的贫困妇女家庭易因自然灾害返贫。

第三，思想观念因循守旧。甘肃省贫困地区经济落后，交通不便，农村地区的贫困妇女长期受陈旧的传统观念束缚，自然经济的观念根深蒂固，商品经济意识淡薄。贫困妇女生产生活局限于世代传承的务农，并无其他致富之路，生活的环境较为闭塞，长期居家相夫教子，外出务工意愿低。

第四，家中缺乏劳动力。甘肃省当地农村人口的主要收入来源是务农、务工，劳动力是维持一家人生计的根本，劳动力缺乏导致部分家庭收入骤减，进而陷入贫困，甘肃省因缺乏劳动力致贫的比例为21.8%。在当地农村因缺乏劳动力致贫的妇女家庭中，一部分妇女因家庭暴力离异、丧偶，另一部分是贫困妇女或者丈夫患病而丧失劳动能力，家中只剩下一个劳动力，生活拮据，为了维持生计和保障儿女上学，家中生活重担只能靠一个人来支撑。

二、当地政府出台的扶贫政策

（一）产业扶贫

产业扶贫方面，根据甘肃省脱贫攻坚领导小组《关于完善落实"一户一策"精准脱贫计划的通知》（甘脱贫领发3号）和《甘肃省人民政府办公厅关于进一步加大资金投入扶持产业发展确保打赢脱贫攻坚战的通知》（甘政办发〔2018〕103号），中央、省、市县安排的财政专项扶持资金，以及70%以上的整合涉农资金都要安排用在建档立卡贫困户"到户到人"项目，其中70%以上的到户资金，原则上要用于"一户一策"工作梳理出来的种养产业和光伏扶贫等产业增收项目，其余资金可用于劳动力转移就业、危房改造、安全饮水、增加村集体经济收入等项目。到户产业资金能够保障且满足贫困户产业发展需要的，对产业资金投入比例不作要求。结合农村"三变"改革，到户产业扶持资金按人均0.5万元标准进行帮扶，每户最多不超过3万元，原则上一半用于产业发展，一半用于入股、配股到与贫困户发展产业密切关联的龙头企业或农民专业合作社，扶持金额和入股配股金额比例根据贫困户家庭人口、劳动力状况、农户意愿和经营主体发展状况可以有所调整，具体由县级政府确定。对有技能的贫困户，配股资金可以安排最高不超过2万元；对缺乏技能的贫困户，可以采取与村干部、致富能手、亲朋好友等合作托管的方式增收。

（二）教育扶贫

教育扶贫方面，甘肃省对贫困家庭内不同阶段的在校学生给予不同标准的经济补助。对贫困家庭中接受义务教育的学生（含民办学校学生）免除学杂费，其中小学生每年补助 600 元，初中生每年补助 800 元；对贫困家庭的学生免费提供教科书；2019 年秋季学期起，对贫困家庭的在校学生给予 50% 的寄宿补助。

对贫困家庭在读高中学生免除学杂费，并为贫困学生每年发放 2 000 元助学金。对贫困家庭在读中专学生免除学杂费，并对一般普通专业的学生每年给予 2 000 元补助，对农医类专业的学生每年给予 2 300 元补助，对艺术类非戏曲专业的学生每年给予 3 000 元补助，对艺术类戏曲专业的学生每年给予 4 000 元补助。

对贫困家庭在读本科、专科学生（含预科生、高职、第二学士学位）每年给予 3 300 元左右补助，具体标准由高校根据自身情况在 2 300～4 300 元区间自主确定。对贫困家庭在读研究生给予一定生活补助，其中博士研究生每年给予 13 000 元补助，硕士研究生每年给予 6 000 元补助。

（三）易地搬迁政策

《甘肃省农村扶贫开发条例》规定：甘肃省易地扶贫搬迁的对象主要是居住在深山、高寒、地方病多发等生存环境差、不具备基本发展条件，以及生态环境脆弱、限制或禁止开发地区的农村建档立卡贫困人口。根据实际情况，易地扶贫搬迁安置点和安置住房建设方式可分为以下几种：一是统规统建。安置点或安置住房由政府统一规划设计，并按照"项目四制"（项目法人责任制、招标投标制、工程监理制、合同管理制）要求组织施工。二是统规联建。安置点或安置住房由政府统一规划设计，村民委员会或村建房理事会统一组织实施。三是统规自建。安置住房由政府统一规划、政府免费提供设计或由搬迁户自主设计，由搬迁户采取自主建设、委托建设或村民互助建设。四是分散自建。搬迁户依照村庄规划自主设计、自主（委托、互助）建设安置住房。该政策的主要受益群体是住房安全得不到保障的贫困家庭，旨在保障其住房需求。易地搬迁政策确保了贫困家庭最基本的住房需求，让居住在深山、高寒、地方病多发等生存环境差的贫困人口居住条件得到明显改善，同时贫困家庭的生活环境得到改善也有利于贫困家庭自身的发展。

三、当地妇女扶贫典型案例

(一) 参与式 "整村推进" 的创新扶贫模式背景

当下甘肃省扶贫工作呈现出一系列新特点,新时期扶贫工作的展开需要因势利导、因地制宜。甘肃省 C 县县委与时俱进,将扶贫工作过渡到以参与为主的 "整村推进",政府在扶贫工作中起到带头引导作用,更多的是激发群众的积极性,使他们积极参与到扶贫工作中来,新型的参与式扶贫模式将原有的输血式扶贫模式改变为造血式扶贫模式。本书以甘肃省 C 县甲村为例简单介绍参与式 "整村推进" 的创新扶贫模式。

甲村位于祁家大山梁系山麓,属黄土高原丘陵沟壑区,是典型的贫困村。甲村距 C 县县城仅 10 千米,紧靠 312 国道,全村共 10 个村民小组,共有 442 户,常驻村民 2 106 人;全村共有耕地总面积 7 609 亩,其中山地 6 462 亩,川地 1 147 亩;年平均气温 7.4 ℃,降水量 446.2 毫米,无霜期长,当地气候为中温带半干旱气候,是典型的旱作农业区,适宜发展林果、瓜菜等特色产业,是农业农村部划定的果品优生区。

(二) 参与式 "整村推进" 的创新扶贫模式

组织管理方面。C 县扶贫办开发领导小组组织县扶贫办和乡政府干部、相关技术人员进村入户访谈,召开村民大会,详细分析本村贫困原因,让村民们表达生产生活愿望;通过村民大会投票选出村民代表、确定贫困户,同时投票选出将要发展项目、确定实施计划。

资金投入方面。项目运作的基石就是资金,为此该县县委、县政府整合了退耕还林、小水建设、水土保持等项目资金,确定的两个县直帮扶部门各投入帮助资金 2 万元以上,并配备技术人员常驻甲村帮助项目建设。C 县县委、县政府协调中国农业银行发放扶贫贷款 136 万元。最终整合项目及群众直接出资、投劳折资 158 万元。该村建设期间共投入各类资金 429 万元。为了充分发挥资金效用最大化,该项目资金在使用过程中建立专户,对所有集资的资金进行封闭管理,打捆使用,集中投入;对小水利等难以到户的项目采取公开、公正的手段招标建设,由承建单位按项目建设进度向扶贫办提交申请,经检查验收合格后,报账拨款,切实提高了资金使用效益;由审计、财政、扶贫等部门组成资金审计督查小组,严格审计各项目建设资金，确保每项资金投入到项目建设中，杜绝截留挪用现金现象的发生。

项目实施方面。C 县县委、县政府结合甲村的实际地理环境、村民意愿、新时期经济环境，重点实施了"四大工程"建设：一是以土改兴水为主的基础工程，二是以造林绿化为主的生态工程，三是以果品瓜菜为主的增收工程，四是以技术推广为主的培训工程。

第三节　贵州省妇女扶贫政策及典型案例

本节介绍了贵州省妇女扶贫政策及典型案例，首先，基于北京大学中国社会科学调查中心发布的 2018 年 CFPS 个体层面数据，筛选研究样本对贵州省贫困妇女特征进行研究，并分析致贫原因；接下来，从政策内容和取得成效两个方面介绍了贵州省典型扶贫政策及运行情况；最后从实施背景、扶贫模式和取得成效 3 个方面介绍了贵州省妇女扶贫典型案例——"锦绣计划"。

一、当地农村贫困妇女概况与致贫原因

贵州省地处我国西南区域，全省面积 17.61 万平方千米，乡村人口占半数以上，截至 2018 年底，全省常住人口 3 600 万人，其中乡村人口 1 889.3 万人[1]，占总人口比例 52.5%。贵州省是典型的喀斯特[2]地貌分布地带，喀斯特分布面积占全省面积的 61.9%[1]。喀斯特地貌分布区域生态环境脆弱，土壤成土性差、土层稀薄、水土极易流失。土地贫瘠导致当地居民无法使用大型农机具进行农业生产[2]，"靠天吃饭"的现象非常普遍。

贵州省的贫困人口主要集中在连片特困地区，此外在各个地级市的深度贫困村也有分布[3]。我国连片特困地区共包括 14 个片区，680 个县，其中位于贵州省境内的有武陵山区、乌蒙山区和滇桂黔石漠化区范围内的 65 个县（表 7.1)[4]，65 个

---

① 数据来自贵州省人民政府网站。

② 喀斯特（Karst）一词源自前南斯拉夫西北部伊斯特拉半岛碳酸盐岩高原的名称，当地称谓，意为岩石裸露的地方，喀斯特地貌因近代喀斯特研究发轫于该地而得名。喀斯特地貌是具有溶蚀力的水对可溶性岩石（大多为石灰岩）进行溶蚀作用等所形成的地表和地下形态的总称，又称岩溶地貌。除溶蚀作用以外，还包括流水的冲蚀、潜蚀，以及坍陷等机械侵蚀过程。

县中，有 37 个县属于较高比例喀斯特地貌县，喀斯特面积比例大于 60%；有 8 个县属于较低比例喀斯特地貌县，喀斯特面积比例为 50% 至 60%；有 8 个县属于喀斯特与非喀斯特地貌间插县，喀斯特面积比例为 25% 至 50%[1]。也就是说，贵州省的连片特困地区中，有 81.5% 的县都存在着不同程度的喀斯特地貌特征，这是制约这些地区发展的重要因素之一。根据《2018 年中国农村贫困监测报告》，截至 2017 年底，贵州省未脱贫人口 295 万人。随着我国脱贫攻坚进入决胜时期，贵州省的贫困治理走向纵深，目前未脱贫人口贫困程度更深，扶贫工作挑战性也更大。

表 7.1　贵州省集中连片特困地区分县名单

连片特困地区名称	地市名称	县数量	县名称
武陵山区	遵义市	5	正安县、道真仡佬族苗族自治县、务川仡佬族苗族自治县、凤冈县、湄潭县
	铜仁市	10	江口县、玉屏侗族自治县、石阡县、思南县、印江土家族苗族自治县、德江县、沿河土家族自治县、松桃苗族自治县、万山区
乌蒙山区	遵义市	3	桐梓县、习水县、赤水市
	毕节市	7	大方县、黔西县、织金县、纳雍县、威宁彝族回族苗族自治县、赫章县
滇桂黔石漠化区	六盘水市	2	六枝特区、水城县
	安顺市	6	西秀区、平坝区、普定县、镇宁布依族苗族自治县、关岭布依族苗族自治县、紫云苗族布依族自治县
	黔西南布依族苗族自治州	7	兴仁县、普安县、晴隆县、贞丰县、望谟县、册亨县、安龙县
	黔东南苗族侗族自治州	15	黄平县、施秉县、三穗县、镇远县、岑巩县、天柱县、锦屏县、剑河县、台江县、黎平县、榕江县、从江县、雷山县、麻江县、丹寨县
	黔南布依族苗族自治州	10	荔波县、贵定县、独山县、平塘县、罗甸县、长顺县、龙里县、惠水县、三都水族自治县、瓮安县

注：该名单内容、表述来源于《国务院扶贫办关于公布全国连片特困地区分县名单的说明》。

（一）当地农村贫困妇女概况

本节基于北京大学中国社会科学调查中心发布的 2018 年 CFPS 个体层面数据，参考贵州省 2018 年扶贫标准，选择中国家庭追踪调查对象中的贵州省农村贫困妇女（以下简称贵州贫困妇女）作为研究样本，样本容量为 129，在筛选研究样本时主要设置了以下几个条件：一是 2018 年省国标码为"贵州省"，基于国家统计局资料的城乡分类为"乡村"，性别为"女性"；二是税后年收入低于 3 535 元（2018 年贵州省贫困线），同时删去收入自评结果在本地"很高"和"较高"的样本；三是删去了部分数据缺失的样本，最后得到容量为 129 的研究样本。根据对贵州贫困妇女研究样本问卷数据处理结果，从健康、教育、就业、社会保障、家庭生活和价值取向 6 个方面对贵州贫困妇女特征作如下分析。

第一，从健康方面来看，主要关注两个指标，一是研究样本的身体质量指数（Body Mass Index，BMI），根据身高和体重数据计算得出，在该部分计算中删去了数据缺失的 6 个样本。根据计算结果，2018 年贵州贫困妇女营养不良和肥胖现象并存。研究样本中，身体 BMI 正常的占 50.4%，其余均为偏瘦、偏胖、肥胖等，其中偏瘦的占 16.3%，偏胖的占 22.0%，肥胖和重度肥胖的分别占 7.3% 和4.1%。二是调查对象健康情况自评结果。数据显示，认为自己比较健康的贫困妇女比例最高，占 29.5%，其次是认为自己不健康的贫困妇女，占比 26.5%，认为自己健康情况一般的有 20.9%，认为自己很健康和非常健康的比例分别是 14.7%和 9.3%。

第二，从受教育水平来看，贵州省贫困妇女受教育水平普遍较低，2018 年平均受教育年限只有 3.2 年，文盲和半文盲所占比例达 64.3%，小学学历所占比例为 15.5%，初中学历所占比例为 11.6%，高中及以上学历所占比例仅为 8.6%；另外，根据期望受教育程度有效数据可以看到，71.4% 的女性期望受教育程度高于自己的受教育水平，期望受教育年限平均比实际受教育年限多 3.6 年。

第三，从就业情况来看，2018 年，贵州贫困妇女在业人数最高，占比为70.5%，在业贫困妇女中，从事自家农业生产经营的比例最高，为 80.2%；其次是受雇于他人，所占比例为 17.6%；退出劳动力市场的贫困妇女所占比例为 29.4%，其中照料家庭，生育、照顾小孩、做家务，以及年纪大了是贫困妇女退出劳动力市场的主要原因。退出劳动力市场的女性平均每天用来做家务的时间约为 2.6 小时。

第四，从社会保障方面来看，贵州贫困妇女样本的农村养老保险覆盖率为46.5%，参保类型主要有新型农村社会养老保险（新农保）、农村养老保险（老农保）、企业补充养老保险、商业养老保险等；医疗保险参保率较高，为92.3%，参保类型主要有新型农村合作医疗保险和补充医疗保险。

第五，从家庭生活方面来看，一方面，从对婚姻生活的满意程度来看，贵州贫困妇女对婚姻生活满意度总体较高，研究样本中，非常满意和比较满意的占比分别为49.5%和23.3%，另外也有17.5%感到一般，5.8%和3.9%的人对婚姻生活不太满意和非常不满意；贵州贫困妇女对丈夫在经济和家务上为家庭所作贡献的满意程度与婚姻生活总体满意程度趋势相似（图7.4）。另一方面，贵州贫困妇女对于子女性别也存在着不一致的取向，本节从129个样本中剔除了1条无效数据以及8条对子女性别无特别偏好的数据，接下来运用单因素方差分析，针对剩余120个样本中希望要男孩人数和女孩人数之间是否存在显著性差异进行研究，发现贵州贫困妇女对子女性别取向存在显著差异，她们更希望拥有儿子（表7.2）。

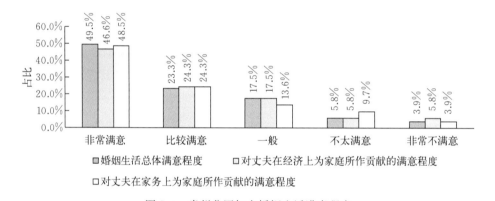

图 7.4　贵州贫困妇女婚姻生活满意程度

数据来源：CFPS，2018

表 7.2　贵州贫困妇女样本子女性别取向差异的单因素方差分析结果

差异源	离差平方和	自由度	均方	F 统计量	P 值	F 统计量临界值
组间	15	1	15	24.646 19	0.000 0	3.880 8
组内	144.85	238	0.608 6			
总计	159.85	239				

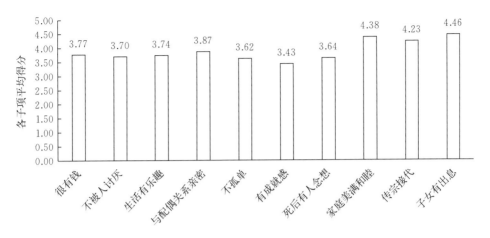

图 7.5 贵州贫困妇女价值取向平均得分情况

第六，从价值取向来看，图 7.5 是调查对象对"很有钱""不被人讨厌""生活有乐趣""与配偶关系亲密""不孤单""有成就感""死后有人念想""家庭美满和睦""传宗接代"和"子女"有出息 10 项内容重视程度的打分情况，从 1 分到 5 分分别代表了从不重要到非常重要。由图 7.5 可以看出，以上 10 项内容的平均得分情况均在 3 分以上，一方面，平均得分最高的一项"子女有出息"为 4.46 分，说明贵州贫困妇女样本对子女有出息的重视程度很高，其次是"家庭美满和睦"和"传宗接代"两项，充分说明了调查对象极其重视家庭内部和谐和子女的未来发展；另一方面，平均得分最低的一项是"有成就感"，说明农村贫困妇女对自我价值实现的重视程度相对较低，与实现自我价值相比，她们更重视"不孤单""不被人讨厌"以及"生活有乐趣"等。

（二）当地农村贫困妇女致贫原因

第一，自然环境贫瘠。贵州省大部分贫困地区属于集中连片特困地区，生态环境脆弱，发展基础薄弱，喀斯特地貌特征导致贵州省耕地面积少，耕地质量较差，此外受大气环流及地形影响，贵州气候极不稳定，灾害性天气多[5]，上述因素均不利于发展农业生产，贵州省贫困妇女因自然环境严酷致贫占比 43.6％。

第二，受教育程度低。从样本数据来看，贵州省贫困妇女的平均受教育年限只有 3.2 年，并且文盲、半文盲比例非常高。受教育水平低不但限制了贫困妇女认知水平的提升，也成为贫困妇女进入劳动力市场的限制因素。现代社会中，学历常常是劳动力市场衡量一个人能力高低的重要标志，也是一个人掌握谋生技术的重要影响因素。截至 2018 年年底，贵州省因缺技术致贫的建档立卡贫困户比例为 17.0％[3]。因此，受教育水平低限制了农村贫困妇女的发展，导致其只能从事一些经济附加值较低的工作，是贫困妇女的致贫原因之一。

二、当地政府出台的扶贫政策

在国家颁布的《中国农村扶贫开发纲要（2011—2020 年)》《关于创新机制扎实推进农村扶贫开发工作的意见》《中共中央 国务院关于打赢脱贫攻坚战的决定》和《中共中央 国务院关于打赢脱贫攻坚战三年行动的指导意见》等一系列扶贫政策文件的安排部署下，贵州省制定了《贵州省大扶贫条例》以指导本省脱贫攻坚具体实践，贵州省妇联针对贫困妇女的自身特点，也采取了一些举措帮助其改善生活贫困。

《贵州省大扶贫条例》明确了扶贫对象和范围，详细阐述了政府责任、社会参与、扶贫项目和资金管理、保障和监督以及法律责任等有关事宜。之后，贵州省各市县根据中央有关文件精神和《贵州省大扶贫条例》开展了一系列扶贫工程，逐步形成了具有贵州特色的贫困治理实践。本节从农村产业革命、易地扶贫搬迁、基础设施建设和教育医疗住房 4 个方面来介绍贵州省整体性扶贫政策。

（一）农村产业革命

发展农村产业是脱贫攻坚的必经之路，2018 年初，贵州开展了农村产业革命以振兴乡村经济，该举措对于推动农村产业结构调整意义重大[6]。目前，贵州已经形成了完整体系以指导农村产业革命的进行，该体系主要包括"三个革命""五步工作法"和"八要素"，其中，"三个革命"包括在转变思想观念、转变产业发展方式和转变作风上分别进行一场革命；"五步工作法"包括政策设计、工作部署、干部培训、监督检查和追责问责；"八要素"包括产业选择、培训农民、技术服务、筹措资金、组织方式、产销对接、利益联结和基层党建[7]。农村产业革命内容丰富，涵盖了产业扶贫、消费扶贫、电商扶贫、社会扶贫等多项扶贫措施。贵州农村特色产业包括茶产业、竹产业、食用菌产业、中药材产业、蔬菜产业、刺梨产业、生态畜牧业、生态渔业、石斛产业、油茶产业、水果产业、辣椒产业 12 个产业[1]，是带动不同地区贫困人口增收的重要抓手。

（二）易地扶贫搬迁

贵州贫困人口分布地区多数生态环境脆弱，不利于发展农业生产，针对一方水土养不起一方人的现状，《贵州省大扶贫条例》规定，按照群众自愿等原则，鼓励和引导居住在深山、石山、高寒、石漠化、地方病多发地区等生存环境差、不具备基本发展条件，以及生态环境脆弱、限制或者禁止开发地区的贫困户易地扶贫搬迁，改善生产生活条件，实现稳定脱贫[8]。文件还对易地搬迁的安置方式和安置地点，以及易地搬迁扶贫与其他扶贫措施的衔接作出了相应规定。

（三）基础设施建设

《贵州省大扶贫条例》规定要加强对贫困地区的基础设施建设，包括道路、农村能源、农田水利、农业气象、危房改造、安全饮水、电力、广播电视、通信网络等方面的建设[8]，一方面要逐步改善贫困地区的生产生活条件，另一方面，也要加强旅游基础设施、公共服务设施建设，以促进当地旅游业发展，进而带动一批贫困户脱贫。

(四)教育医疗住房

教育方面，《贵州省大扶贫条例》指出要加强贫困地区的基础教育和职业教育，教育经费和师资等要向贫困地区倾斜，同时针对建档立卡贫困学生，要实施教育精准扶贫资助；医疗方面，一方面要加强贫困地区医疗人才定向培养和引进，另一方面，完善贫困人口大病医疗保障和疾病应急救助制度等；住房安全方面，要实施住房救助，开展危房改造等帮扶措施。

三、当地妇女扶贫典型案例

（一）"锦绣计划"实施背景

一方面，贵州省贫困妇女在贫困人口中占有较大比例，既是重要的扶助对象也是脱贫攻坚的重要力量；另一方面，贫困妇女脱贫不但事关其自身的生存发展，在阻断贫困的代际传递过程中也发挥着举足轻重的作用。基于上述实际，2013年，贵州省出台《关于实施妇女特色手工产业锦绣计划的意见》，提出要通过发展妇女特色手工业促进贫困妇女创业就业，进而帮助其增收致富。贵州省民族文化深厚，少数民族妇女自幼学习苗绣、马尾绣、蜡染等手工艺，目前这些手工艺已经成为国家非物质文化遗产[9]，民族手工艺文化深厚的历史积淀为贵州省开展锦绣计划脱贫行动奠定了良好基础。

（二）"锦绣计划"扶贫模式

2013 年，贵州省成立了 1 000 多家妇女特色手工企业和专业合作社，培训绣娘 6.5 万人次，截至 2018 年 10 月，贵州省从事手工产业及辅助行业的妇女近 50 万人，妇女特色手工产业产值已达到 60 亿元[10]。"锦绣计划"在推行过程中主要采取了以下两种模式：

1. "公司＋农户＋绣娘"模式

贵州省某县在推行"锦绣计划"时采用了"公司＋农户＋绣娘"的模式，其中公司指的是当地某服装厂，农户主要指的是建档立卡贫困户。具体实施过程包括：第一，为贫困妇女进行刺绣培训。由当地妇联部门牵头组织，培训活动由公司承办，具体培训任务由当地民族手工协会骨干绣娘承担，贫困妇女积极学习苗绣、机绣等技艺。第二，企业与贫困户的利益联结。参与培训的部分贫困妇女作为分散绣娘，各自向公司领取样本，利用空闲时间刺绣并将绣品送回公司，通过电商或订购商家统一销售，分散绣娘们在此过程中获取刺绣报酬[11]。

2. "名师、名匠"打造民族品牌

与"企业＋农户＋绣娘"的扶贫模式有所不同，贵州省某县在实施"锦绣计划"时采取了"名师、名匠"带动的方式，以民族蜡染工艺为依托，来打造当地特有的民族品牌。具体实施过程主要包括：一是通过每年举办培训班传承民族技艺，邀请老艺人、民间艺术家到现场手把手教学；二是结合传统和现代审美，综合考量市场需要，推动手工艺品走向市场，形成自有品牌；三是形成一批民族传统工艺品特色村寨，推动民族工艺品制作实现产业化转型。贫困妇女参加培训后，可以实现在家就业，利用空闲时间制作手工艺品进而增加收入，改善生活[12]。

3. "锦绣计划"取得成效

"锦绣计划"的实施方式灵活多样，不同地区有不同特点。一方面，能够让贫困妇女实现在家就业，在照顾家庭的同时也可以通过手工制作的方式增加收入；另一方面，也促进了民族工艺的传承和发展。"锦绣计划"成效显著，对于增加贫困妇女就业，改善其家庭生活水平等方面具有重要作用。2013 年至 2016 年，实施"锦绣计划"的 3 年时间内，共有 100 多万贫困妇女借此摆脱贫困[12]。截至 2019 年 3 月，贵州省运营良好的妇女特色手工企业和合作社共 1 354 个，从事相关行业的

妇女近 50 万人，全省妇女特色手工业产值达到 60 亿元[13]。

第四节　安徽省妇女扶贫政策及典型案例

本节介绍了安徽省妇女扶贫政策及典型案例，首先，基于北京大学中国社会科学调查中心发布的 2018 年 CFPS 个体层面数据，筛选研究样本对安徽省贫困妇女特征进行研究，分析了当地贫困妇女致贫原因；接下来，从政策内容和取得成效两个方面介绍了安徽省典型扶贫政策及运行情况；最后从实施背景、扶贫模式和取得成效三个方面介绍了安徽省妇女扶贫典型案例——"徽姑娘"农家乐项目。

一、当地农村贫困妇女概况与致贫原因

安徽省位于我国华东区域，地理位置居中靠东，总面积 14.01 万平方千米[①]，地形地貌特征具有多样性，淮河以北以平原为主，长江、淮河之间丘陵居多，长江以南山峦较多。截至 2018 年，全省常住人口 6 323.6 万人，其中乡村人口 2 865.2 万人，占总人口比例 45.3%[14]。安徽省紧靠以上海为中心的长江三角洲经济区，区位优势明显，从整体情况来看，与我国西南部分地区相比，安徽省贫困程度相对较低。2019 年未脱贫群体主要分布在大别山区、行蓄洪区等生态环境脆弱的地带，贫困程度深，脱贫难度较大。安徽省境内有 12 个县位于我国连片特困地区之一——大别山区（表 7.3）。大别山区人均可用耕地面积较少，80.0% 的面积为库

表 7.3　安徽省集中连片特困地区分县名单

连片特困地区名称	地市名称	县数量	县名称
大别山区	安庆市	5	潜山县、太湖县、宿松县、望江县、岳西县
	阜阳市	3	临泉县、阜南县、颍上县
	六安市	3	寿县、霍邱县、金寨县
	亳州市	1	利辛县

---

① 数据来源于安徽省人民政府网站。

区、沿河低洼易涝区和山区[15]，霜冻、洪涝等自然灾害易发，农业发展基础相对薄弱。

（一）当地农村贫困妇女概况

本节基于北京大学中国社会科学调查中心发布的 2018 年中国家庭追踪调查个体层面数据，参考国家 2018 年扶贫标准，选择中国家庭追踪调查对象中的安徽省农村贫困妇女（以下简称安徽贫困妇女）作为研究样本，样本容量为 41，在筛选研究样本时主要设置了以下几个条件：一是 2018 年的省国标码为"安徽省"，基于国家统计局资料的城乡分类为"乡村"，性别为"女性"；二是税后年收入低于 3 535 元，同时删去收入自评结果在本地为"很高"和"较高"的样本；三是删去了部分数据缺失的样本，最后得到容量为 41 的研究样本。根据对安徽贫困妇女研究样本问卷数据处理结果，从健康、教育、就业、社会保障、家庭生活和价值取向六个方面对安徽贫困妇女特征作如下分析：

第一，从健康方面来看，主要关注两个指标，一是研究样本的身体质量指数（Body Mass Index，BMI），根据身高和体重数据计算得出，根据计算结果，2018 年安徽贫困妇女半数以上身体质量指数正常。研究样本中，身体 BMI 正常的占 59.0%，其余均为偏瘦、偏胖、肥胖等，其中偏瘦的占 10.3%，偏胖的占 23.1%，肥胖和重度肥胖的分别占 5.1% 和 2.6%。二是调查对象健康情况自评结果。数据显示，认为自己比较健康的贫困妇女比例最高，为 42.5%，其次是认为自己不健康的贫困女性，占比 30.0%，认为自己健康情况一般的有 15.0%，认为自己很健康的比例是 12.5%，无调查对象认为自己非常健康。

第二，从受教育水平来看，安徽贫困妇女受教育水平较低，但研究样本受教育水平整体高于贵州省。2018 年平均受教育年数 4.6 年，文盲和半文盲占样本量的 52.5%，小学学历所占比例为 17.5%，初中学历所占比例为 15.0%，高中以上学历所占比例仅为 15.0%；另外，根据期望受教育程度有效数据可以看到，100% 的女性期望受教育程度均高于自己的受教育水平，期望受教育年限平均比实际受教育年限多 2 年，样本中有效数据显示，部分贫困女性没有继续升学的主要原因是经济困难。

第三，从就业情况来看，2018 年，安徽贫困妇女在业人数最高，占比为 67.5%，在业贫困妇女中，从事自家农业生产经营的比例最高，为 69.2%，其次是受雇于他人，所占比例为 18.5%；退出劳动力市场的贫困妇女所占比例为 30.0%，其中照料家庭，生育、照顾小孩、做家务，因残障或疾病而没有劳动能力，以及年纪大了是贫困妇女退出劳动力市场的主要原因。

第四，从养老保险参与情况来看，安徽贫困妇女样本的农村养老保险覆盖率为 51.3%，参保类型主要有新型农村社会养老保险（新农保）、农村养老保险（老农保）、企业补充养老保险、商业养老保险等；医疗保险参保率较高，为 92.3%，参保类型主要有新型农村合作医疗保险和补充医疗保险。

第五，从家庭生活方面来看，一方面，从对婚姻生活的总体满意程度来看，安徽贫困妇女对婚姻生活满意度总体较高，研究样本中，非常满意和比较满意的占比分别为 56.3% 和 21.9%，另外也有 18.8% 的女性感到一般，3.1% 的人对婚姻生活非常不满意；安徽贫困妇女对丈夫在经济和家务上为家庭所做贡献的满意程度与婚姻生活总体满意程度趋势存在微弱差异，对丈夫的经济贡献和家务贡献的不满意比例相对较高（图 7.6）；另一方面，与贵州情况不同，安徽贫困妇女对于子女性别取向无显著差异，本节从 39 个样本中剔除了 1 条无效数据以及对 9 条对子女性别无特别偏好的数据，接下来运用单因素方差分析，针对剩余 29 个样本就希望要男孩人数和女孩人数之间是否存在显著性差异进行研究，发现安徽贫困妇女对子女性别取向不存在显著差异。

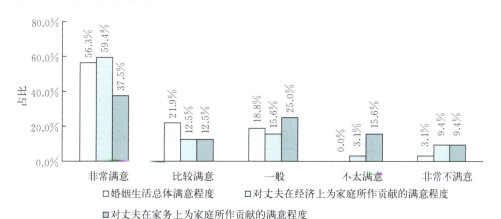

图 7.6　安徽贫困妇女婚姻生活满意程度

（数据来源：CFPS，2018）

表 7.4　安徽贫困妇女样本子女性别取向差异的单因素方差分析结果

差异源	离差平方和	自由度	均方	F 统计量	P 值	F 统计量临界值
组间	1.10	1	1.10	1.84	0.18	4.01
组内	33.52	56	0.60			
总计	34.62	57				

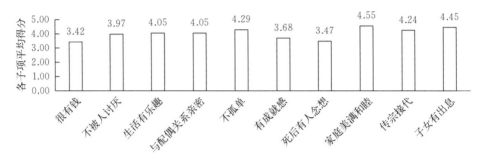

图 7.7　安徽贫困妇女价值取向平均得分情况

第六，从价值取向来看，图 7.7 是安徽贫困妇女样本调查对象根据对"很有钱""不被人讨厌""生活有乐趣""与配偶关系亲密""不孤单""有成就感""死后有人念想""家庭美满和睦""传宗接代"和"子女"有出息 10 项内容重视程度的打分情况，从 1 分到 5 分分别代表了从不重要到非常重要。可以看出，以上 10 项内容的平均得分情况均在 3 分以上，一方面，平均得分最高的一项"家庭美满和睦"为 4.55 分，说明安徽贫困妇女最重视家庭美满和睦，其次是"子女有出息"和"传宗接代"两项，充分说明了调查对象对子女未来发展和家庭延续的重视程度；另一方面，平均得分最低的一项是"很有钱"，"有成就感"一项在安徽样本中排名要略高于贵州样本，从样本数据来看，安徽农村贫困妇女对自我价值实现的重视程度相对较低，但是略高于贵州。同时，与实现自我价值相比，她们更重视"不孤单""不被人讨厌"以及"生活有乐趣"等。

（二）当地农村贫困妇女致贫原因

第一，生态环境脆弱，基础设施建设不完善。安徽省贫困人口主要分布在大别山区、皖北地区、行蓄洪区等地，大别山区自然地理环境脆弱，地貌地形复杂，耕地资源较少，农业基础薄弱，与此同时，公共基础设施供应不足，公共服务能力较低，成为区域发展的制约因素[16]；涵盖六安北部、阜阳南部以及淮南部分地区的沿淮行蓄洪区现有行洪区 16 处、蓄洪区 4 处，行蓄洪区低洼地居民较多，居住安全缺乏保障，保庄圩防洪标准低，防洪保安能力不足[15]，一旦发生洪涝灾害，易导致因灾返贫[15]。

第二，受教育水平较低，发展意识不足。安徽省贫困妇女受教育水平虽然略高于贵州，但是整体受教育水平还比较低，研究样本平均受教育年数为 4.6 年，也就是说，安徽省贫困妇女的平均受教育水平还达不到小学毕业。另外，发展意识不足也是重要的致贫原因之一，具体体现在不思进取、安于现状、竞争力不佳，缺乏内生发展动力[17]。

第三，健康状况不佳，因病致贫现象较多。因病致贫返贫现象在安徽省较多，据统计，2016 年，安徽省因病致贫返贫的比例高达 57.2%，高于同期全国平均水平 15 个百分点[18]。对于一个家庭而言，慢性或者重大疾病属于高经济成本事件，与此同时，在农村地区，劳动力对维持家庭生计而言至关重要，自己或家庭成员患病会在短期内大幅度增加家庭开支，劳动力数量也会下降，进而导致整个家庭陷入贫困。

二、当地政府出台的扶贫政策

在《中国农村扶贫开发纲要（2011—2020 年）》《关于创新机制扎实推进农村扶贫开发工作的意见》《中共中央 国务院关于打赢脱贫攻坚战的决定》和《中共中央 国务院关于打赢脱贫攻坚战三年行动的指导意见》等一系列扶贫政策文件的安排部署下，安徽省结合自身实际制定了一系列扶贫政策来指导本省脱贫攻坚具体实践。

（一）产业扶贫方面

根据安徽省内不同地区自然资源禀赋、生态环境和产业基础方面的差异，划分了皖北平原区、沿淮湖洼区、江淮丘陵区、皖西大别山区、沿江平原区和皖南山区6 个区域，并且根据不同区域特点，对相应区域内的产业扶贫工程进行安排。例如，在皖北平原区重点推进农业规模化、集约化、标准化经营，在沿淮湖洼区重点发展生态农业，在沿江平原区推广稻鳖共生、稻虾蟹共养等生态种养模式等。此外，加快培育特色粮油、蔬菜、茶叶、林特、水果、中药材、畜禽、渔业、休闲农业和乡村旅游、光伏等十大主导产业，对产业扶贫机制和模式进行了更加细化的规定。产业扶贫机制包括产业选择机制、主体带动机制、利益联结机制和金融帮扶机制，产业扶贫模式包括"主导产业＋龙头企业＋合作社＋订单帮扶＋扶贫金融"模式、"返乡能人＋土地入股＋小额贷款"模式、"特色资源＋合作组织＋担保＋保险"模式以及"龙头企业＋融资平台＋政策性银行＋入股分红"模式[19]。

（二）行业扶贫方面

主要包括健康、教育和消费扶贫三方面内容。健康扶贫方面，具体政策包括提高安徽省综合医疗保障水平，涵盖了代缴医保参保费用、医保报销范围、医保补偿比例、大病保险保障、医疗救助等 7 个方面的内容，此外还对大病防控、医疗服务能力建设等进行了具体规定[20]。教育扶贫方面，安徽省教育扶贫的主要内容包括加强基础教育、加快发展现代职业教育、加大高等学校扶贫力度、提高教育信息化水平和加强教师队伍建设 5 个方面，涵盖了各阶段教育扶贫的具体举措和夯实教师队伍建设的主要做法[21]。消费扶贫方面，主要内容包括动员社会各界扩大贫困地区产品和服务消费、拓宽贫困地区农产品流通和销售渠道、提升贫困地区农产品供给水平和质量以及促进贫困地区休闲农业和乡村旅游升级[22]。

（三）社会扶贫方面

主要指的是形成政府、市场、社会互为支撑，专项扶贫、行业扶贫、社会扶贫"三位一体"的大扶贫格局[23]。主要内容有扩大南北结对合作，鼓励民营企业参与"万企帮万村"精准扶贫行动，鼓励各类社会组织开展到村到户到人精准扶贫，实施扶贫志愿者扶贫行动计划和社会工作专业人才服务贫困地区计划等，旨在充分调动社会中各类资源投入到精准扶贫当中去[23]。

三、当地妇女扶贫典型案例

（一）"徽姑娘"品牌背景

"徽姑娘"农家乐是指以妇女为主体经营管理，依托当地农村自然生态景观、民俗风情和特色产业，提供观光、休闲、餐饮、娱乐等服务的农家乐实体[24]。2013 年马鞍山市在安徽省妇联和安徽省旅游局的部署下，为促进当地农民创业就业和增收，重点打造了该项目。乡村旅游的迅速发展给当地餐饮、住宿等服务行业的崛起带来机遇，为农村女性提供了大量就业机会，"徽姑娘"农家乐项目的成立有效对接了乡村服务行业的人才需求和农村妇女就业创业的需求，加之妇联部门、旅游部门的大力支持，"徽姑娘"农家乐应运而生。

（二）"徽姑娘"扶贫模式（图7.8）

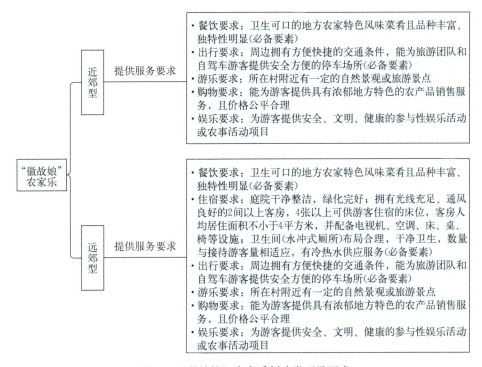

图 7.8 "徽姑娘"农家乐创建类型及要求

项目申报与服务品牌建设方面，"徽姑娘"农家乐项目由当地农户自愿申报，对申报成功的经营户，省妇联、省旅游局统一挂牌"徽姑娘"农家乐旅游服务示范基地和示范户，按经营规模和管理水平给予一定的扶持资金，并优先享受妇联系统表彰奖励和项目扶持等政策。服务标准方面，按照《安徽省农家乐旅游服务质量等级划分与评定》要求，围绕乡村旅游"吃、住、行、游、购、娱"六要素，开展星级评定，使服务标准走向规范化。贫困妇女技能培训方面，对"徽姑娘"农家乐从业人员开展市场经营、烹饪技术、服务规范、职业道德、健康卫生、消防安全、环境保护等方面的培训，帮助其提升服务水平进而实现可持续经营。资金来源方面，加大对妇女发展"徽姑娘"农家乐的信贷支持力度，鼓励符合小额担保贷款申请人条件的农村妇女申请期限不超过两年、最高额度不超过 8 万的小额担保贷款[24]。

（三）"徽姑娘"取得成效

经过数年的经营发展，"徽姑娘"农家乐已经成为安徽省乡村旅游的知名品牌，成为旅游脱贫的重要抓手，对妇女脱贫带动效果显著。2019 年，安徽省某市妇联拨付省、市妇女创业资金 81 万元，扶持 5 个省级徽姑娘合作社和农家乐项目、1 个市级徽姑娘合作社项目，为贫困妇女提供岗位务工、带资入股、产业分红等，部分合作社还为贫困妇女购买了保险并签订长期劳务合同。该项目全年共帮扶贫困妇女 572 人，其中带动建档立卡妇女脱贫 97 名，单人最高月收入约 3 000 元[24]。

第五节　本章小结

通过上述研究发现，内蒙古、甘肃、贵州和安徽农村地区的贫困妇女普遍存在如健康状况较差、平均受教育程度低于小学水平、思想保守等特点。从致贫原因来看，自己或家人患病、子女上学、家中缺乏劳动力、脱贫动力不足以及自然资源和条件匮乏是上述地区妇女贫困的主要原因。

四个地区实施的妇女扶贫政策既具有共同点，也存在差异之处。共同之处主要体现在健康扶贫、社会保障扶贫、教育扶贫、健康扶贫方面，政策内容基本相同，例如贫困患者享有基本医保、大病保险等多种政策保障，包括 25 种大病集中救治，住院费用实际报销比例达 90％；社会保障方面，四个地区所实施的政策基本相同；教育扶贫方面，各地区均以现金转移支付的方式资助贫困家庭的在校学生，在很大程度上缓解了贫困家庭的经济压力。

差异之处主要体现在产业扶贫方面，各地的产业扶贫政策主要基于当地自然资源禀赋和生态环境特点制定，实施的产业扶贫项目也有所不同，例如，笔者调研内蒙古地区，产业扶贫政策主要以种养业为主，其中，汉族多依靠种植业脱贫，蒙古族则主要依靠养殖业脱贫；而安徽地区的产业扶贫政策除了种养业以外，旅游业也是脱贫的重要抓手之一。各样本地区的产业扶贫力度较大，为帮助贫困妇女摆脱经济贫困发挥了核心作用。

参考文献

[1] 林俊清. 贵州喀斯特与非喀斯特地貌分布面积及其特征分析 [J]. 贵州教育学院学报（自然科学），2001，17（4）：43－46.

[2] 马焱. 黔西南喀斯特地貌区农耕村落居住环境优化研究 [D]. 重庆：重庆大学，2018.

[3] 魏兰兰. 十八大以来中国共产党精准扶贫思想在贵州的实践研究 [D]. 贵阳：贵州大学，2019.

[4] 国务院扶贫办. 扶贫办关于公布全国连片特困地区分县名单的说明 [EB/OL]. [2019－12－10]，http://www.gov.cn/gzdt/2012－06/14/content_2161045.htm，2019.

[5] 罗金仙，丁福兴. 贵州省农村地区的致贫原因与扶助对策 [J]. 农村经济与科技，2018，29（17）：134－135.

[6] 新华网. 对照"八要素"深入推进农村产业革命——一论学习贯彻省委十二届五次全会精神 [EB/OL]. [2019－12－10]，http://www.gz.xinhuanet.com/2019－07/01/c_1124692326.htm，2019.

[7] 顾海淞，吴文仙. 把握好农村产业革命"八要素"[J]. 当代贵州，2018，24（13）：24.

[8] 贵州省人民政府网. 贵州省大扶贫条例 [EB/OL]. [2019－12－20]，http://fpb.qdn.gov.cn/zwgk/zcfg/zcjd/201912/t20191217_32182435.html.

[9] 施秉新闻. 施秉：贫困妇女学苗绣 [EB/OL]. [2020－02－01]，http://www.gzswom-en.org.cn/jxsc/jxjhzl/jxqyhzs/201708/t20170817_2787798.html，2019.

[10] 手机中国网. 贵州实施"锦绣计划"：带动50万妇女增收致富 [EB/OL]. [2020－02－01]，https://baijiahao.baidu.com/s?id＝16147202567990394318wfr＝spider8for＝pc，2019.

[11] 经济日报. "锦绣计划"启动"指尖经济" [EB/OL]. [2020－02－01]，http://pa-per.ce.cn/jjrb/html/2018－07/03/content_366713.htm，2019.

[12] 张波. 新时代贵州妇女特色手工产业的发展、探索与启示——以锦绣计划为例 [J]. 贵州民族研究，2019，40（3）：70－74.

[13] 安徽省统计局. 安徽省2018年国民经济和社会发展统计公报 [EB/OL]. [2020－02－01]，http://www.ah.gov.cn/zfsj/tjgb/2018n/8232501.html，2019.

[14] 王忆南，汪恭礼. 精准扶贫的实践、困局与路径选择——以安徽为例 [J]. 地方财政研

究，2016，13（8）：33-39.

[15] 王婷婷. 大别山区贫困集聚的形成机理 [D]. 武汉：华中科技大学，2012.

[16] 安徽省人民政府.《安徽省淮河行蓄洪区安全建设规划（2018—2025 年)》公布 [EB/OL].［2020-04-03］. http://zw. anhuinews. com/system/2018/09/30/007973539. shtml，2019.

[17] 蔡荷芳. 农村贫困妇女与脱贫妇女发展意识的对比分析——以安徽省池州市为例 [J]. 农业经济问题，2005（8）：20-23＋79.

[18] 中安在线. 安徽去年因病致贫减少 24.7 万户 [EB/OL].［2020-04-03］. http://www. ahyouth. com/news/20170405/1291830. shtml，2019.

[19] 安徽省人民政府办公厅. 安徽省人民政府办公厅关于印发安徽省脱贫攻坚期产业精准扶贫规划的通知 [EB/OL].［2020-04-03］. http://www. ah. gov. cn/public/1681/7967981. html，2019.

[20] 安徽省人民政府办公厅. 安徽省人民政府关于健康脱贫工程的实施意见 [EB/OL].［2020-04-03］. http://www. ah. gov. cn/public/1681/7928921. html，2019.

[21] 安徽省人民政府办公厅. 安徽省人民政府办公厅转发省教育厅等部门关于教育扶贫工程实施意见的通知 [EB/OL].［2020-04-09］http://www. ah. gov. cn/public/1681/7946751. html，2019.

[22] 安徽省人民政府办公厅. 安徽省人民政府办公厅关于深入开展消费扶贫助力打赢脱贫攻坚战的实施意见 [EB/OL].［2020-04-09］. http://www. ah. gov. cn/public/1681/7939051. html，2019.

[23] 安徽日报. 中共安徽省委安徽省人民政府关于坚决打赢脱贫攻坚战的决定 [EB/OL].［2020-04-09］，http://www. cpad. gov. cn/art/2015/12/22/art_1881_43165. html，2019.

[24] 淮河早报. "徽姑娘"特色品牌 助推淮南乡村经济发展 [EB/OL].［2020-05-19］. http://www. fxshnf. com/jingji/26212. html，2019.

第八章　中国妇女扶贫效果评价

本章将根据前文构建的妇女贫困分析框架，利用北京大学中国社会科学调查中心发布的 2014 年至 2018 年中国家庭追踪调查 (China Family Panel Studies，CFPS) 家庭层面和个体层面的数据，构建包括经济、人力资本、心理、社会权利 4 个维度在内的妇女多维贫困指数，根据妇女多维贫困指数的变化情况来评价我国妇女扶贫效果，并进一步分析我国妇女贫困面临的主要问题和成因。

第一节　妇女多维贫困指数构建方法

指标选择方面，选取 7 个指标，构建了包括经济、人力资本、心理、社会权利 4 个维度在内的妇女多维贫困指数 (表 8.1)：

经济维度包括收入和市场参与度两个指标，收入指的是个人年度总收入；市场参与度衡量个体通过参与市场活动获取收入的能力，本书在计算该指标时参考了朱方明和李敬 (2020) 提出的方法，即市场参与度＝个人经营性收入/个人总收入，个人经营性收入指的是个体通过参与劳动力市场、商品和服务市场获取的收入，包括工资、个体经营户的销售收入等，不包括转移性收入[1]。经济维度下的两个指标均为负向指标，与经济贫困程度成反比，收入水平和市场参与度越高，经济贫困的程度越低。

人力资本维度包括健康状况和受教育年限两个指标，反映贫困妇女的人力资本水平。其中健康状况指的是个体的健康自评结果，包括非常健康、很健康、比较健康、一般和不健康 5 个等级，为方便后续计算，本书为 5 个健康等级赋值："非常健康＝5""很健康＝4""比较健康＝3""一般＝2""不健康＝1"；受教育年限指的是在调查年份受访者已完成最高学历所对应的受教育年数。人力资本维度下的两个指标是负向指标，与人力资本贫困程度成反比，受教育年限越长，身体健康等级越高，人力资本贫困程度越低。

心理维度包括"感到做事困难的频率"和"感到生活无法继续的频率"两个指标，指的一周内受访者感到做事困难和生活无法继续的天数，本书对这两个指标的选取参考了北京大学中国家庭追踪调查对样本抑郁程度的测量方法①，用来反映妇女的心理状态，共包括四个等级：几乎没有（不到 1 天）、有些时候（1～2 天）、经常有（3～4 天）、大多数时候有（5～7 天）。为方便后续计算，本书为四个等级赋值："几乎没有（不到 1 天）＝1""有些时候（1～2 天）＝2""经常有（3～4 天）＝3""大多数时候有（5～7 天）＝4"；心理维度下的两个指标是正向指标，与心理贫困程度成正比，两个指标的数值越高，心理贫困程度越大。

社会权利维度包括"因性别而受到不公平待遇的妇女比例"，社会权利内涵广泛，由于本书的研究聚焦于妇女贫困现象，而性别因素不但导致了贫困妇女成为"贫困人群中的最贫困者"，而且也是造成贫困妇女在社会生活各领域中权利被剥夺的主要因素。因此，本书在衡量妇女社会权利贫困时选择的观测变量是"因性别而受到不公平待遇的妇女比例"，来衡量性别因素在多大程度上导致了妇女受到不公平对待。该指标是正向指标，与社会权利贫困程度成正比，该指标数值越高，社会权利受保障程度越低，社会权利贫困程度越高。

表 8.1 中国妇女多维贫困指数指标体系

维度	指标	正向/负向指标
经济维度	收入	负向指标
	市场参与度	负向指标
人力资本维度	健康状况	负向指标
	受教育年限	负向指标

① 根据《中国家庭追踪调查用户手册》，CFPS 主要根据凯斯勒心理疾患量表（2014 年和 2018 年）和流调中心抑郁量表（2016 年）对调查样本的抑郁程度进行测量，结合数据可获得性，本书选取了"感到做事困难的频率"和"感到生活无法继续的频率"两个指标来测度妇女的心理状态，并将 2014 年、2016 年和 2018 年的调查数据调整到可比程度。

维度	指标	正向/负向指标
心理维度	感到做事困难的频率	正向指标
	感到生活无法继续的频率	正向指标
社会权利维度	因性别而受到不公平待遇妇女比例	正向指标

在指数构建方法方面，本书对妇女扶贫效果的评价方法的理论来源是多维贫困指数构建方法，基本思路是利用经济、人力资本、心理、社会权利 4 个维度下的 7 个指标构建妇女贫困指数（Women's Poverty Index，WPI），来衡量贫困妇女多维贫困程度的变化情况，以及各个子维度贫困程度的变化情况，进而反映我国妇女扶贫效果。指数构建方法如下：

首先，为了增加不同指标之间的可比性，参考崔明明和聂常虹（2019）的做法，对各指标进行标准化处理，去除量纲和单位。对于正向指标采用：$X'_{ij} = (X_{ij} - minX_j)/(maxX_j - minX_j)$；对于负向指标采用 $X'_{ij} = (maxX_j - X_{ij})/(maxX_j - minX_j)$；接下来，利用变异系数法确定各指标的权重。变异系数法是一种客观赋权方法，能够直接利用各项指标所包含的信息进行赋权[2]，$CV_j = S_j/\overline{X}_j$，$w_j = CV_j/\sum CV_j$，其中 CV_j 表示指标 j 的变异系数，S_j 表示指标 j 的标准差，$\overline{X}_j$ 表示指标 j 的平均值，w_j 表示指标 j 的权重[2]；最后，利用标准化后的指标值和权重计算得到各个子维度的妇女贫困指数和妇女多维贫困指数。

第二节　中国妇女扶贫整体效果评价

一、数据来源与预处理

本章所用数据全部来源于 2014 年、2016 年和 2018 年北京大学中国社会科学调查中心发布的中国家庭追踪调查数据（China Family Panel Studies，CFPS）。中国家庭追踪调查是我国第一个大规模、综合性、以学术研究为目的的社会追踪调查项目，于 2010 年启动基线调查（基线样本覆盖 25 个省/直辖市/自治区，代表了中国 95％的人口）[3]，并在 2012 年、2014 年、2016 年和 2018 年进行了四轮全样本追踪调查，CFPS 数据学术价值极高，在经济学、社会学等领域的学术研究中得到了广泛应用。

　　本章主要关注以下几个问题：第一，纵向来看，精准扶贫政策群实施以来，全国范围内以及不同地区的农村贫困妇女的多维贫困状况发生了怎样的变迁；第二，横向来看，不同地区农村贫困妇女的多维贫困状况存在哪些异同；第三，当前我国妇女贫困的主要问题是什么，造成这些问题的根源有哪些。基于上述问题，考虑到数据的可获得性，从 2014 年、2016 年和 2018 年的 CFPS 个体数据中筛选个人收入低于历年贫困线、年龄在 16 岁以上的农村女性样本[①]，进行数据清洗，最后得到研究样本特征如下：

表 8.2　妇女贫困评价样本特征

年份	地区	覆盖省/自治区/直辖市数量	样本数量	样本数量占当年总样本比例	平均年龄
2014 年	全国	22	1188	100%	46.32
	东部地区	6	307	26%	46.50
	中部地区	6	362	30%	46.04
	西部地区	7	330	28%	46.12
	东北地区	3	189	16%	46.90
2016 年	全国	22	926	100%	53.67
	东部地区	6	246	27%	55.20
	中部地区	6	302	33%	50.60
	西部地区	7	242	26%	52.83
	东北地区	3	136	15%	59.22
2018 年	全国	22	2139	100%	53.59
	东部地区	6	516	24%	54.82
	中部地区	6	561	26%	53.42
	西部地区	7	819	38%	51.81
	东北地区	3	243	11%	57.37

---

　　① 　根据《2018 年中国农村贫困监测报告》和《2019 年中国农村贫困监测报告》，2014 年、2016 年和 2018 年的农村贫困标准分别为 2 800 元/人、2 952 元/人和 2 995 元/人。

在进行评价之前，计算不同年份、不同地区样本指标值的均值，由于2018年的CFPS数据不包括"因性别而受到不公平待遇"选项，因此，对2018年的有关指标作均值插补。计算结果如下：

表8.3　妇女贫困评价指标均值

年份	地区	经济维度		人力资本维度		心理维度		社会权利维度
		收入（元/年）	市场参与度	健康状况	受教育年限	感到生活无法继续的频率	感到做事困难的频率	因性别而受到不公平待遇妇女比例
2014年	全国	141.82	0.06	2.69	4.01	1.43	1.81	0.04
	东部地区	136.81	0.06	2.59	3.43	1.37	1.82	0.03
	中部地区	84.31	0.04	2.81	4.67	1.31	1.69	0.02
	西部地区	214.87	0.08	2.62	3.48	1.59	1.97	0.05
	东北地区	132.58	0.06	2.75	4.62	1.48	1.74	0.04
2016年	全国	115.85	0.08	2.89	6.08	1.22	1.83	0.05
	东部地区	84.03	0.06	3.04	6.86	1.17	1.80	0.04
	中部地区	115.68	0.08	3.02	6.57	1.27	1.82	0.06
	西部地区	133.57	0.09	2.60	4.78	1.22	1.85	0.05
	东北地区	142.24	0.10	2.85	5.92	1.19	1.88	0.05
2018年	全国	539.13	0.33	2.84	5.95	1.27	1.87	0.04
	东部地区	499.34	0.29	2.83	6.10	1.26	1.91	0.04
	中部地区	510.85	0.31	2.86	6.17	1.27	1.84	0.04
	西部地区	659.57	0.42	2.83	5.58	1.25	1.86	0.05
	东北地区	283.01	0.18	2.90	6.38	1.36	1.86	0.05

可以看到，表8.3中样本收入均值水平非常低，这是由于我国大量农村妇女未就业，经济收入为0，因此拉低了收入的平均水平。例如，2018年全国农村妇女就业率的样本均值仅为33.4%，未就业的主要原因是年纪大退出劳动力市场（29.3%）、照料家庭，如生育、照顾小孩、做家务（37.5%）、因残障/疾病而没有劳动能力（16.3%）等。同时，由于筛选后的样本量有限，用农村妇女收入的样本均值来估计全国总体均值存在较大偏差，在此情况下，本书主要关注样本均值的纵向时间变化趋势和横向地区间的对比情况。

二、全国农村妇女扶贫效果评价

基于前文所述妇女多维贫困指数体系和权重，计算 2014 年至 2018 年期间全国范围内农村贫困妇女多维贫困指数及 4 个子维度的妇女贫困指数，结果如图 8.1 所示。分析可知，2014 年至 2018 年全国妇女多维度贫困趋势具有如下特征：第一，从整体趋势来看，全国农村贫困妇女多维贫困程度波动下降；第二，从子维度来看，各个子维度的贫困程度的变化趋势不完全一致，其中，经济贫困程度和人力资本贫困程度总体呈现波动下降态势，并在 2018 年达到最低值；社会权利贫困程度在 2016 年达到峰值后，到 2018 年又出现了明显的下降态势，但是，全国农村贫困妇女的心理贫困程度则呈现出波动上升态势；第三，不同阶段不同维度的贫困程度存在差异，2014 年至 2016 年，妇女的经济贫困和社会权利贫困程度相对较高，2016 年至 2018 年，社会权利贫困和心理贫困对妇女多维贫困的贡献率最高。

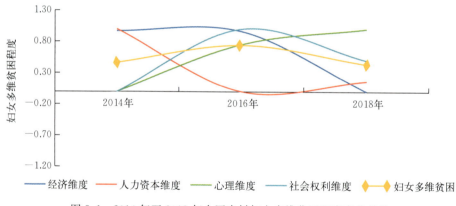

图 8.1　2014 年至 2018 年全国农村妇女多维贫困程度变化趋势

可以看到，2014 年之后，妇女多维贫困程度、经济贫困程度、人力资本贫困程度和社会权利贫困程度都出现了不同幅度的降低。2013 年 11 月，习近平总书记在湖南湘西考察时首次作出了"实事求是、因地制宜、分类指导、精准扶贫"的重要指示，2014 年 1 月，中共中央办公厅、国务院办公厅进行了精准扶贫工作模式的顶层设计，推动了"精准扶贫"理念落地，之后，一系列相关政策陆续出台，逐步形成了包括产业发展帮扶、教育扶贫、健康扶贫、精神扶贫等内容在内的精准扶贫政策群。可以看出，2014 年是精准扶贫政策群实施的重要时间节点，此后一系列扶贫政策的出台和实施对于农村妇女多维贫困程度的降低具有很好的解释作用。

（一）经济维度

2014 年至 2018 年，全国农村贫困妇女的经济贫困程度的趋势变化主要包括两个阶段，第一阶段是 2014 年至 2016 年，农村贫困妇女经济贫困程度出现微弱下降；第二阶段是 2016 年至 2018 年，农村贫困妇女经济贫困程度迅速下降并达到最小值，该时期一系列产业帮扶措施的密集实施大幅度提高了农村贫困妇女的个人收入水平，降低了农村贫困妇女参与市场活动的门槛，提高了农村贫困妇女的市场参与度。基于研究结果，2014 年至 2018 年全国农村贫困妇女经济贫困演变趋势主要有三个特点：

第一，个人收入低于当年贫困线的农村贫困妇女收入平均水平波动上升。一方面，从本书筛选的全部研究样本计算结果来看，农村贫困妇女的个人收入均值从 2014 年的 141.83 元/人波动上升至 2018 年的 539.13 元/人，个人收入均值水平较低的原因是我国农村地区贫困妇女群体的未就业比例仍然较大，未就业贫困妇女个人收入为 0，拉低了贫困妇女收入的平均水平；另一方面，就业贫困妇女人均收入水平逐渐增加，从 2014 年的 1 454.97 元/人上升至 2018 年的 1 598.60 元/人，从收入结构来看，农村就业贫困妇女的个人收入 99％以上均为经营性收入。

第二，农村贫困妇女的市场参与度波动上升。主要有两个表现，一是农村贫困妇女个人收入中经营性收入占比均值波动上升，从 2014 年的 6％波动增加至 2018 年的 33％，二是农村贫困妇女的就业率均值波动上升，从 2014 年的 5.9％波动上升至 2018 年的 33.4％。以上数据说明精准扶贫政策改善了农村贫困妇女的经济贫困状况，产业扶贫政策体系下的扶贫工厂、农民合作社、订单农业等一系列典型做法促进了贫困妇女收入水平的提升，增加了贫困妇女的市场参与度。

第三，农村贫困妇女的收入水平和就业比例仍然比较低，年龄过大缺乏劳动力和生育、照顾小孩、做家务是农村贫困妇女未就业的主要原因。我国在 2013 年出台了"单独二孩"政策，在 2015 年出台了"全面二孩"政策，在人口老龄化及上述政策背景下，2014 年至 2018 年年龄过大缺乏劳动能力和生育、照顾小孩、做家务的农村贫困妇女比例在整体上变化趋势相反，因年龄过大未就业的农村妇女比例从 2014 年的 39.9％下降至 2018 年的 33.6％，因生育、照顾小孩、做家务未就业的农村贫困妇女比例增加幅度较大，从 2014 年的 38.6％上升至 2018 年的 43.0％。

（二）人力资本维度

2014 年至 2018 年，全国农村贫困妇女人力资本贫困程度呈现出一定的波动性，趋势变化主要包括两个阶段，第一阶段是 2014 年至 2016 年，农村贫困妇女人力资本贫困程度快速下降；第二阶段是 2016 年至 2018 年，农村贫困妇女人力资本贫困程度出现小幅度上升。基于研究结果，2014 年至 2018 年全国农村贫困妇女经济贫困演变趋势主要有两个特点：一是农村贫困妇女健康自评结果整体上有所改善，健康自评结果为"不健康"的妇女比例从 2014 年的 29.6％下降至 2018 年的 22.9％，同时，认为自己身体非常健康的妇女比例从 2014 年的 11.7％上升至 14.7％；二是农村贫困妇女的平均受教育年限有所增加，从 2014 年的 4.0 年增加至 2018 年的 6.0 年，大专及以上学历妇女比例增幅较大，从 2014 年的 6.1％增加至 2018 年的 13.8％。

在科教兴国战略、教育扶贫、健康扶贫等众多政策措施的合力推动下，我国农村地区贫困妇女的人力资本得到提升。按照不同教育阶段发放国家助学金、国家专项计划、地方专项计划等教育扶贫措施为增加农村人口接受初等、高等教育提供了有力保障，推动了中高学历贫困妇女人数的增长；大专及以上学历妇女人数的增加带动了农村贫困妇女的平均受教育年限的提高；医疗费用减免、免费体检、送医配药等一系列健康扶贫措施能够有效改善贫困妇女的健康状况；人力资本维度的诸多配套扶贫措施不但能够增加农村贫困妇女的人力资本积累，而且有助于阻断贫困的代际传递，增强贫困妇女的自我发展能力，能够有效地为贫困妇女赋能。

（三）心理维度

2014 年至 2018 年，全国农村贫困妇女的心理贫困程度整体呈现出上升趋势，心理贫困的观测变量包括两个，一是贫困妇女感到生活无法继续的频率，测度的是贫困妇女面对生活的悲观程度；二是贫困妇女感到做事困难的频率，测度的是贫困妇女的心理压力状况[4]。

结合研究结果，2014 年至 2016 年，全国农村贫困妇女心理维度的两个观测变量平均观测值变化趋势一致，即贫困妇女面对生活的悲观程度逐渐增加，感到做事困难的心理压力越来越大。近年来，全国数字化进程的快速推进给社会生活带来巨大变化，数字化给人们生产生活带来了便捷，但是数字化生活存在"进入门槛"，容易引发"数字鸿沟"等现实问题。贫困妇女受教育程度普遍较低,对于数字化带来的一系列新鲜事物的适应能力相对较低,在此背景下,贫困妇女可能会因社会的快速变迁出现"做事越来越困难"的感受,导致其心理压力增加。在全国农村贫困妇女悲观程度逐渐降低和心理压力日渐增加的叠加作用下,出现了贫困妇女心理贫困程度上升的现象。

(四)社会权利维度

2014 年至 2018 年,全国农村贫困妇女的社会权利贫困程度整体呈现出上升趋势,主要包括两个阶段,第一阶段是 2014 年至 2016 年,农村贫困妇女社会权利贫困程度大幅上升;第二阶段是 2016 年至 2018 年,农村贫困妇女社会权利贫困程度有所下降。

我国农村贫困妇女生活的社会环境中,性别歧视依然存在。2014 年,全国农村贫困妇女因性别受到过不公正对待的比例为 3.5%,到了 2016 年,这一比例上升为 5.2%。在社会变迁过程中,文化传统和习俗存在惯性,且在很大程度上能够影响社会性别意识,同时,社会性别意识的变迁滞后于国家法制进步,尽管在新中国成立后就废除了封建制度中歧视妇女的各种条款,并将性别平等上升为基本国策,然而,性别不平等依然广泛存在于社会生活的各个领域,无论是在家庭内部,还是在公共场所,抑或是工作环境中,歧视女性的行为屡见不鲜。性别歧视是导致农村妇女社会权利贫困的主要因素,消除农村贫困妇女在社会权利维度的贫困不但依赖物质条件的进步,也依赖社会意识的进步,是一项需要久久为功的系统性工程。

三、东部地区农村妇女扶贫效果评价

遵循国家统计局对我国不同地区的划分方法,本书东部地区农村贫困妇女研究样本覆盖福建省、广东省、河北省、江苏省、山东省和浙江省 6 个省份。根据前文所述妇女多维贫困指标体系和权重,计算 2014 年至 2018 年期间我国东部地区农村贫困妇女多维贫困指数及 4 个子维度的妇女贫困指数,结果如图 8.2 所示。分析可知,2014 年至 2018 年我国东部地区妇女多维贫困趋势变化具有如下特征:第一,从整体趋势来看,东部地区农村贫困妇女多维贫困程度逐渐下降,且下降速度高于全国平均水平;第二,从子维度来看,各子维度贫困程度变化趋势存在较大差

异，其中，经济贫困程度和人力资本贫困程度波动下降，经济贫困程度在 2018 年达到最低值，人力资本贫困程度在 2016 年达到最低值后，2018 年又有所回升，但贫困程度低于 2014 年；社会权利贫困程度在 2016 年达到峰值后，到 2018 年出现了明显的下降态势，但是，东部地区农村贫困妇女的心理贫困程度呈现出波动上升态势，变化趋势与全国一致；第三，在不同阶段，经济贫困和社会权利贫困程度要高于心理贫困和人力资本贫困程度，不同时期，推动妇女多维贫困程度下降的因素存在差异。2014 年至 2016 年，人力资本贫困程度和心理贫困程度的降低是带动妇女多维贫困程度下降的主要动力，2016 年至 2018 年，经济贫困程度和社会权利贫困程度的降低是妇女多维贫困程度下降的主要动力，而心理贫困和人力资本贫困程度的上升对于妇女多维贫困程度的降低形成拖累。

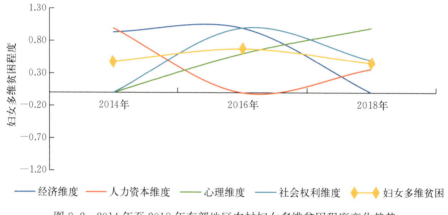

图 8.2 2014 年至 2018 年东部地区农村妇女多维贫困程度变化趋势

（一）经济维度

2014 年至 2018 年，我国东部地区农村贫困妇女经济贫困程度的趋势变化主要包括两个阶段，第一阶段是 2014 年至 2016 年，农村贫困妇女经济贫困程度出现微弱上升；第二阶段是 2016 年至 2018 年，东部地区农村贫困妇女经济贫困程度迅速下降并达到最小值，基于研究结果，2014 年至 2018 年东部地区农村贫困妇女经济贫困演变趋势主要有三个特点：

第一，个人收入低于当年贫困线的农村贫困妇女收入平均水平波动上升。一方面，根据东部地区样本数据计算结果，农村贫困妇女的个人收入均值从 2014 年的

136.81 元/人波动上升至 2018 年的 499.34 元/人。可以看到，东部地区个人收入均值水平较低，主要原因是该地区贫困妇女群体的未就业比例仍然较大，拉低了贫困妇女收入的平均水平；另一方面，就业贫困妇女人均收入水平波动增加，从 2014 年的 1 437.89 元/人上升至 2018 年的 1 695.13 元/人，从收入结构来看，农村就业贫困妇女的个人收入 95％以上均为经营性收入。

第二，农村贫困妇女的市场参与度呈现波动上升态势。主要有两个表现，一是农村贫困妇女个人收入中经营性收入占比均值波动上升，从 2014 年的 6.2％波动增加至 2018 年的 29.4％；二是农村贫困妇女的就业率均值波动上升，从 2014 年的 6.1％波动上升至 2018 年的 29.4％。以上数据说明精准扶贫政策改善了东部地区农村贫困妇女的经济贫困状况，产业扶贫政策体系下的扶贫工厂、特色种养业、家庭手工业等一系列典型做法促进了贫困妇女收入水平的提升，增加了贫困妇女的市场参与度。

第三，农村贫困妇女的收入水平和就业比例仍然比较低，未就业的主要原因包括年龄过大缺乏劳动能力以及生育、照顾小孩和做家务。我国东部地区因生育、照顾小孩、做家务而未就业的农村贫困妇女比例高于全国平均水平，2014 年至 2018 年该比例均值为 42.8％，比全国平均水平高 5.4 个百分点；年龄过大缺乏劳动能力的未就业贫困妇女比例均值为 42.4％，高于全国平均水平 4 个百分点。

（二）人力资本维度

2014 年至 2018 年，我国东部地区农村贫困妇女的人力资本贫困程度整体呈现出波动下降态势，趋势变化主要包括两个阶段，第一阶段是 2014 年至 2016 年，农村贫困妇女人力资本贫困程度快速下降；第二阶段是 2016 年至 2018 年，农村贫困妇女人力资本贫困程度出现小幅度上升，该趋势与全国农村贫困妇女人力资本贫困程度变化趋势一致。基于研究结果，2014 年至 2018 年东部地区农村贫困妇女人力资本贫困演变趋势与全国平均水平变化情况相似，主要有两个特点：一是农村贫困妇女健康自评结果整体上有小幅改善，健康自评结果为不健康的妇女比例从 2014 年的 28.9％下降至 2018 年的 23.0％，同时，认为自己身体非常健康的妇女比例从 2014 年的 9.4％上升至 14.3％；二是农村贫困妇女的平均受教育年限有所增加，从 2014 年的 3.4 年增加至 2018 年的 6.1 年，大专及以上学历妇女比例增幅较大，从 2014 年的 3.9％增加至 2018 年的 13.7％，增幅高于全国水平。

（三）心理维度

2014 年至 2018 年，我国东部地区农村贫困妇女的心理贫困程度整体呈现上升趋势，结合研究结果，2014 年至 2016 年，东部地区农村贫困妇女心理维度的两个观测变量平均观测值整体变化趋势一致，贫困妇女面对生活的悲观程度逐渐上升，心理压力也越来越大。东部地区农村贫困妇女在心理层面的贫困现象需进一步引起重视。

（四）社会权利维度

2014 年至 2018 年，我国东部地区农村贫困妇女的社会权利贫困程度整体呈现出上升趋势，但低于全国平均水平，主要包括两个阶段，第一阶段是 2014 年至 2016 年，农村贫困妇女社会权利贫困程度大幅上升；第二阶段是 2016 年至 2018 年，农村贫困妇女社会权利贫困程度有所下降。2014 年，东部地区农村贫困妇女因性别受到过不公正对待的比例为 2.9%，比全国平均水平低 0.6 个百分点，到了 2016 年，这一比例上升为 4.5%，比全国平均水平低 0.7 个百分点。以上数据说明东部地区贫困妇女生活的社会环境中，性别歧视的现象略少于其他地区。

四、中部地区农村妇女扶贫效果评价

遵循国家统计局对我国不同地区的划分方法，本书中部地区农村贫困妇女研究样本覆盖安徽省、河南省、湖北省、湖南省、江西省和山西省 6 个省份。基于前文所述妇女多维贫困指标体系和权重，计算 2014 年至 2018 年期间我国中部地区农村贫困妇女多维贫困指数及 4 个子维度的妇女贫困指数，结果如图 8.3 所示。分析可知，2014 年至 2018 年我国中部地区妇女多维度贫困趋势变化具有如下特征：第一，从整体趋势来看，中部地区农村贫困妇女多维贫困程度先增加后降低，2018 年妇女多维贫困程度略高于 2014 年，但低于 2016 年；第二，分子维度来看，各个子维度贫困程度的变化趋势存在较大差异，其中，经济贫困程度递减，并在 2018 年达到最低值；人力资本贫困程度在 2016 年达到最低值后，2018 年又有所回升，但贫困程度低于 2014 年；社会权利贫困程度和心理贫困程度在整体上都出现了增加的趋势；第三，在不同阶段，不同维度的贫困程度高度有所不同，2014 年至 2016 年，经济贫困是中部地区贫困妇女面临的最主要问题，2016 年至 2018 年，经济贫困程度显著下降，社会权利贫困和心理贫困逐渐成为妇女多维贫困的主因。

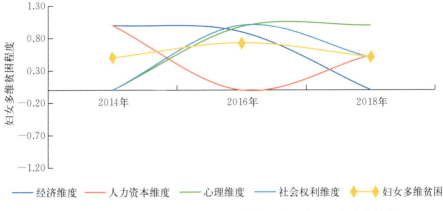

图 8.3　2014 年至 2018 年中部地区农村妇女多维贫困程度变化趋势

（一）经济维度

2014 年至 2018 年，我国中部地区农村贫困妇女的经济贫困程度逐渐降低，2014 年至 2018 年中部地区农村贫困妇女经济贫困演变趋势主要有以下特点：

第一，个人收入低于当年贫困线的农村贫困妇女收入平均水平逐步上升。一方面，从中部地区样本数据计算结果来看，农村贫困妇女的个人收入均值从 2014 年的 84.31 元/人上升至 2018 年的 510.85 元/人。可以看到，中部地区个人收入均值较低，主要原因是该地区个人收入为 0 的未就业贫困妇女数量较多，拉低了贫困妇女收入的平均水平；另一方面，就业贫困妇女人均收入水平逐渐增加，从 2014 年的 1 091.33 元/人上升至 2018 年的 1 647.05 元/人；从收入结构来看，农村就业贫困妇女的个人收入 97% 以上均为经营性收入。

第二，农村贫困妇女的市场参与度逐渐上升，主要有两个表现，一是农村贫困妇女个人收入中经营性收入占比均值逐渐上升，从 2014 年的 4.0% 波动增加至 2018 年的 30.6%，二是农村贫困妇女的就业率均值逐渐上升，从 2014 年的 4.1% 波动上升至 2018 年的 31.0%。

第三，农村贫困妇女的收入水平和就业比例仍然比较低，年龄过大缺乏劳动力，生育、照顾小孩、做家务以及因残障、疾病而没有劳动能力是农村贫困妇女未就业的主要原因。2014 年至 2018 年因生育、照顾小孩、做家务未就业的农村贫困妇女比例均值为 45.3%，年龄过大缺乏劳动能力的未就业贫困妇女比例均值为

31.2%，因残障、疾病而没有劳动能力的未就业的农村贫困妇女比例均值为 13.8%。

（二）人力资本维度

2014 年至 2018 年，我国中部地区农村贫困妇女的人力资本贫困程度整体呈现出波动下降态势，趋势变化主要包括两个阶段，第一阶段是 2014 年至 2016 年，农村贫困妇女人力资本贫困程度快速下降；第二阶段是 2016 年至 2018 年，农村贫困妇女人力资本贫困程度出现小幅度上升，该趋势与全国农村贫困妇女人力资本贫困程度变化一致。基于研究结果，2014 年至 2018 年中部地区农村贫困妇女人力资本贫困演变趋势与全国平均水平变化情况相似，主要有两个特点：一是农村贫困妇女健康自评结果整体上有小幅改善，健康自评结果为不健康的妇女比例从 2014 年的 26.2% 下降至 2018 年的 23.1%，同时，认为自己身体非常健康的妇女比例从 2014 年的 12.4% 上升至 15.8%；二是农村贫困妇女的平均受教育年限有所增加，从 2014 年的 4.7 年增加至 2018 年的 6.2 年，大专及以上学历妇女比例增幅较大，从 2014 年的 7.5% 增加至 2018 年的 15.2%，增幅高于全国水平。

（三）心理维度

2014 年至 2018 年，基于中部地区研究样本数据计算结果，我国中部地区农村贫困妇女的心理贫困程度逐渐增加，主要原因是中部地区农村贫困妇女感到生活没有希望和做事越来越困难的平均频率一直在增加，该地区农村贫困妇女面对生活的悲观程度逐渐上升，心理压力越来越大，该情形与东部地区类似，需进一步引起对中部地区农村贫困妇女心理贫困的关注程度。

（四）社会权利维度

2014 年至 2018 年，我国中部地区农村贫困妇女的社会权利贫困程度整体呈现出上升趋势，但低于全国平均水平，主要包括两个变化阶段，第一阶段是 2014 年至 2016 年，农村贫困妇女社会权利贫困程度大幅上升；第二阶段是 2016 年至 2018 年，农村贫困妇女社会权利贫困程度有所下降。2014 年，中部地区农村贫困妇女因性别受到过不公正对待的比例为 2.5%，比全国平均水平低 1 个百分点，到了 2016 年，这一比例上升为 6.0%，比全国平均水平高 0.8 个百分点。以上数据说明中部地区贫困妇女生活的社会环境中，性别歧视的现象增加较多。

五、西部地区农村妇女扶贫效果评价

遵循国家统计局对我国不同地区的划分方法，本书西部地区农村贫困妇女研究样本覆盖甘肃省、广西壮族自治区、贵州省、陕西省、四川省、云南省和重庆市。基于前文所述妇女贫困状况评价指标体系和权重确定方法，计算2014年至2018年期间我国西部地区农村贫困妇女多维贫困指数及4个子维度的妇女贫困指数，结果如图8.4所示。分析可知，2014年至2018年我国西部地区妇女多维度贫困趋势具有如下特征：第一，从整体趋势来看，西部地区农村贫困妇女多维贫困程度先增加后降低；第二，从子维度来看，各个子维度的贫困程度的变化趋势有所不同，其中经济贫困程度和人力资本贫困程度均逐渐降低，并在2018年达到最小值；心理贫困和社会权利贫困程度整体呈现上升趋势，但是2018年社会权利贫困程度较2016年有所下降，心理贫困程度在这一时间段变化趋势与社会权利贫困程度相反。第三，在不同阶段，不同维度的贫困程度高度有所不同，2014年至2016年，经济贫困和人力资本贫困是西部地区贫困妇女面临的主要问题，社会权利贫困程度相对较低，但是在这一时期呈现出上升态势，心理贫困程度变化相对平缓；2016年至2018年，经济贫困程度、人力资本贫困程度和社会权利贫困程度显著下降，心理贫困逐渐成为妇女多维贫困的主因。

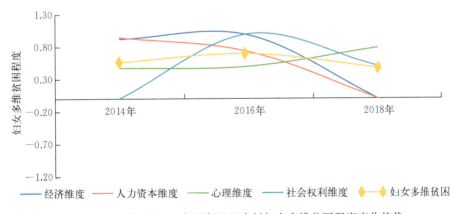

图8.4　2014年至2018年西部地区农村妇女多维贫困程度变化趋势

（一）经济维度

2014年至2018年，我国西部地区农村贫困妇女的经济贫困程度逐渐降低，

2014年至2018年西部地区农村贫困妇女的经济贫困演变趋势主要有以下特点：

第一，个人收入低于当年贫困线的农村贫困妇女收入平均水平波动上升。一方面，根据西部地区样本数据计算结果，农村贫困妇女的个人收入均值从2014年的214.87元/人上升至2018年的659.57元/人。可以看到，西部地区个人收入均值高于全国平均水平，但是仍然较低，主要原因是该地区无经济收入的未就业贫困妇女数量较多，拉低了贫困妇女收入的平均水平。另一方面，就业贫困妇女人均收入水平变化趋势与其他地区不同，从2014年的1 667.7元/人上升至2018年的1 565.8元/人，从收入结构来看，农村就业贫困妇女的个人收入99%以上为经营性收入。

第二，农村贫困妇女的市场参与度逐渐上升，主要有两个表现，一是农村贫困妇女个人收入中经营性收入占比均值逐渐上升，从2014年的7.9%波动增加至2018年的41.9%；二是农村贫困妇女的就业率均值逐渐上升，从2014年的7.9%波动上升至2018年的42.1%。各类因地制宜、发挥贫困妇女特长优势的产业扶贫政策有效增加了西部地区农村贫困妇女的市场参与度，成为贫困妇女脱贫的重要引擎。

第三，农村贫困妇女的收入水平和就业比例仍然比较低，年龄过大缺乏劳动力，生育、照顾小孩、做家务，以及因残障、疾病而没有劳动能力是西部地区农村贫困妇女未就业的主要原因。2014年至2018年因生育、照顾小孩、做家务未就业的农村贫困妇女比例均值为34.7%，低于中部地区；因年龄过大缺乏劳动能力未就业的贫困妇女比例均值为38.8%，因残障、疾病而没有劳动能力的未就业的农村贫困妇女比例均值为14.8%。

（二）人力资本维度

2014年至2018年，我国西部地区农村贫困妇女的人力资本贫困程度逐渐下降。基于研究结果，2014年至2018年西部地区农村贫困妇女人力资本贫困演变趋势与全国平均水平变化情况相似，主要有两个特点：一是农村贫困妇女健康自评结果整体上有大幅度改善，健康自评结果为不健康的妇女比例从2014年的31.8%下降至2018年的22.4%；同时，认为自己身体非常健康的妇女比例从2014年的10.6%上升至14.0%。二是农村贫困妇女的平均受教育年限有所增加，从2014年的3.5年增加至2018年的5.6年，大专及以上学历妇女比例增幅较大，从2014年的5.2%增加至2018年的13.2%，增幅高于全国水平。

（三）心理维度

2014 年至 2018 年，基于筛选后的研究样本计算结果，我国西部地区农村贫困妇女的心理贫困程度逐渐增加，主要原因是西部地区农村贫困妇女感到生活没有希望和做事越来越困难的平均频率一直在增加，该地区农村贫困妇女的面对生活的悲观程度和心理压力均越来越大。

（四）社会权利维度

2014 年至 2018 年，我国西部地区农村贫困妇女的社会权利贫困程度整体呈现出上升趋势，主要包括两个变化阶段，第一阶段是 2014 年至 2016 年，农村贫困妇女社会权利贫困程度大幅上升；第二阶段是 2016 年至 2018 年，农村贫困妇女社会权利贫困程度有所下降。2014 年，西部地区农村贫困妇女因性别受到过不公正对待的比例为 4.8%，比全国平均水平高 1.3 个百分点，到了 2016 年，这一比例上升为 5.0%，比全国平均水平低 0.2 个百分点。以上数据说明西部地区贫困妇女生活的社会环境中，性别歧视的现象有所增加但是增幅低于全国平均水平。

六、东北地区农村妇女扶贫效果评价

遵循国家统计局对我国不同地区的划分方法，本书东北地区农村贫困妇女研究样本覆盖黑龙江省、吉林省和辽宁省。基于前文所述妇女贫困状况评价指标体系和权重，计算 2014 年至 2018 年期间我国东北地区农村贫困妇女多维贫困指数及 4 个子维度的妇女贫困指数，结果如图 8.5 所示。分析可知，2014 年至 2018 年我国东北地区妇女多维度贫困趋势具有如下特征：第一，从整体趋势来看，东北地区农村贫困妇女多维贫困程度先增加后降低，2018 年农村贫困妇女多维贫困程度较 2014 年下降 21.3%。第二，从子维度来看，各个子维度的贫困程度的变化趋势存在差异，其中，经济贫困程度和人力资本贫困程度递减，并在 2018 年达到最低值；社会权利贫困程度和心理贫困程度在整体上都出现了增加的趋势。第三，在不同阶段，不同维度的贫困程度高度有所不同，2014 年至 2016 年，经济贫困和人力资本贫困是东北地区贫困妇女面临的主要问题，2016 年至 2018 年，经济贫困和人力资本贫困程度显著下降，社会权利贫困和心理贫困成为妇女多维贫困的主因。

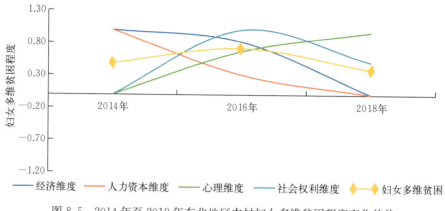

图 8.5　2014 年至 2018 年东北地区农村妇女多维贫困程度变化趋势

（一）经济维度

2014 年至 2018 年，我国东北地区农村贫困妇女的经济贫困程度逐渐降低，演变趋势主要有以下特点：

第一，个人收入低于当年贫困线的农村贫困妇女收入平均水平逐渐上升。一方面，根据东北地区样本数据计算结果，农村贫困妇女的个人收入均值从 2014 年的 132.58 元/人上升至 2018 年的 283.01 元/人，可以看到，东北地区个人收入均值低于全国平均水平，同时，在 2014 年至 2018 年期间，增幅也显著低于全国平均水平和其他地区。另一方面，就业贫困妇女人均收入水平越来越高，从 2014 年的 1 468.4 元/人上升至 2018 年的 1 563.0 元/人；从收入结构来看，就业贫困妇女的个人收入 98% 以上为经营性收入。

第二，农村贫困妇女的市场参与度逐渐上升，主要有两个表现，一是农村贫困妇女个人收入中经营性收入占比均值逐渐上升，从 2014 年的 7.9% 波动增加至 2018 年的 41.9%；二是农村贫困妇女的就业率均值逐渐上升，从 2014 年的 7.9% 波动上升至 2018 年的 42.1%。

第三，农村贫困妇女的收入水平和就业比例仍然比较低，就业率低的原因主要有以下三个：年龄过大缺乏劳动能力，生育、照顾小孩、做家务以及因残障、疾病而没有劳动能力，该结论与苏群等（2020）的研究结论相似，即家务劳动和儿童照料会显著抑制农村已婚女性的劳动参与并减少她们的市场劳动时间[5]。2014 年至

2018年因各种家务未就业的农村贫困妇女比例均值为25.6%，低于其他地区；因年龄过大缺乏劳动能力的未就业贫困妇女比例均值为48.8%，因残障、疾病而没有劳动能力的未就业的农村贫困妇女比例均值为19.8%。可以看到，东北地区农村贫困妇女的老龄化问题更严重，同时因疾病、残疾等原因无法劳动的贫困妇女比例也显著高于其他地区。

（二）人力资本维度

2014年至2018年，我国东北地区农村贫困妇女的人力资本贫困程度下降趋势明显，基于研究结果，2014年至2018年东北地区农村贫困妇女人力资本贫困演变趋势主要有两个特点：一是农村贫困妇女健康自评结果整体上有大幅度改善，健康自评结果为不健康的妇女比例从2014年的33.3%下降至2018年的23.4%，但是，认为自己身体非常健康的妇女比例从2014年的16.4%下降至15.2%；二是农村贫困妇女的平均受教育年限有所增加，从2014年的4.6年增加至2018年的6.4年，大专及以上学历妇女比例增幅较大，从2014年的7.4%增加至2018年的13.6%。

（三）心理维度

2014年至2018年，基于筛选后的研究样本计算结果，我国东北地区农村贫困妇女的心理贫困程度逐渐增加，主要原因是东北地区农村贫困妇女感到生活没有希望和做事越来越困难的平均频率一直在增加，该地区农村贫困妇女面对生活的悲观程度不断上升，心理压力也越来越大，该情形与其他地区类似，说明贫困妇女在心理层面的贫困现象并非个例，悲观情绪和心理压力会严重影响贫困妇女的生活质量，亟须引起广泛关注并采取针对化措施加以干预。

（四）社会权利维度

2014年至2018年，我国东北地区农村贫困妇女的社会权利贫困程度整体呈现出上升趋势，主要包括两个变化阶段，第一阶段是2014年至2016年，农村贫困妇女社会权利贫困程度大幅上升；第二阶段是2016年至2018年，农村贫困妇女社会权利贫困程度小幅下降。2014年，东北地区农村贫困妇女因性别受到过不公正对待的比例为4.2%，比全国平均水平高0.7个百分点，到了2016年，这一比例上升为5.1%，比全国平均水平低0.1个百分点。以上数据说明东北地区贫困妇女生活的社会环境中，性别歧视现象有所增加但是增幅低于全国平均水平。

第三节　各地区妇女扶贫效果比较分析

本节基于上文对全国范围、东部地区、中部地区、西部地区和东北地区的农村贫困妇女的研究结果，重点对比分析不同地区扶贫效果。

从时间尺度来看，不同地区妇女多维贫困程度在 2014 年至 2018 年的运行趋势基本呈现抛物线状（图 8.6），即在 2014 年至 2016 年呈上升趋势，从 2016 年到 2018 年呈下降趋势。2014 年至 2018 年，东部、西部和东北地区的农村贫困妇女多维贫困程度整体有所下降，但下降幅度差异较大，其中，东北地区下降最快，降幅 21.3%；其次是西部地区，降幅 15.6%；东部地区下降最慢，降幅 4.5%；而中部地区农村贫困妇女多维贫困程度有小幅上升，2018 年比 2014 年增加 1.5%，增加的主要原因是中部地区农村贫困妇女在心理和社会权利两个维度的贫困程度均有较大增幅，尽管经济贫困程度降幅较大，人力资本贫困也呈下降趋势，但是并没有扭转妇女多维贫困程度上升的局面。

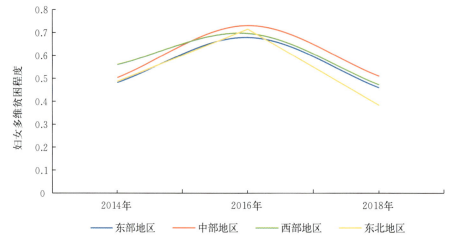

图 8.6　2014 年至 2018 年不同地区妇女多维贫困程度对比

分地区来看，不同地区的农村贫困妇女多维贫困程度在不同时期存在差异，2014 年至 2016 年，我国农村贫困妇女多维贫困程度从高到低依次为：西部地区、中部地区、东部地区和东北地区；2016 年至 2018 年，我国农村贫困妇女多维贫困程度从高到低依次为：中部地区、西部地区、东部地区和东北地区。相对而言，我国中部地区和西部地区农村贫困妇女多维贫困程度较高，东部地区和东北地区农村贫困妇女多维贫困程度较低。

一、经济维度

从时间尺度来看，2014 年至 2018 年，我国东部地区、中部地区、西部地区和东北地区农村贫困妇女的经济贫困程度大幅度降低，并且降低速度越来越快。根据图 8.7，各地区农村贫困妇女经济贫困程度变化趋势可以大致分为两个阶段：第一阶段是 2014 年至 2018 年，这段时期各地区农村贫困妇女经济贫困程度的变化相对平缓，其中中部地区和东北地区有小幅度下降，东部地区和西部地区有小幅度上升；第二阶段是 2014 年至 2018 年，四个地区农村贫困妇女的经济贫困程度快速下降。根据马斯洛需求理论，人的生存需求（生理和安全需求）是最基本的需求，经济维度的扶贫工作要解决的首要问题就是贫困者的生存问题，消除经济维度的贫困现象（提高贫困者经济收入）也一直是我国各阶段扶贫实践的核心。

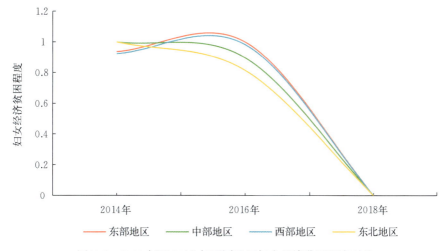

图 8.7 2014 年至 2018 年不同地区妇女经济贫困程度对比

精准扶贫阶段是我国消除绝对贫困的收尾阶段，为了确保全国所有贫困者在 2020 年走出生存性贫困，党和国家以及社会各界投入了大量人力、物力和财力，自 2014 年精准扶贫理念正式落地以来，以产业发展为核心的各类经济扶贫政策密集出台，在扶贫实践的不断推进过程中，涌现出了如消费扶贫、光伏扶贫等一系列创新做法，为农村贫困妇女走出经济贫困创造了条件。有助于消除农村贫困妇女经济贫困的扶贫政策主要有两类：一类是以家庭为单位，为人均收入在当年贫困线以下的贫困户制定的脱贫致富方案；另一类是由各级妇联部门牵头进行的"巾帼脱贫"行动，从2014年至2018年全国不同地区农村贫困妇女经济贫困程度的变化情况来看，我国各类经济扶贫行动取得了良好的成效。

分地区来看，我国东北地区农村贫困妇女的经济贫困程度最低，中部地区、西部地区和东部地区贫困程度依次较高。从农村贫困妇女的收入水平来看，2014年至2018年，全国各地区农村贫困妇女的收入水平有不同程度的增加，其中，中部地区增幅最高，2018年样本人均年收入比2014年增加5.1倍，其次是东部地区（2.7倍）、西部地区（2.1倍）和东北地区（1.1倍）；从农村贫困妇女市场参与度（通过各类市场活动获取的收入金额占总收入比例）来看，2014年至2018年，全国不同地区农村贫困妇女的市场参与度均有较大幅度提高，其中西部地区农村贫困妇女市场参与度的增幅最大，从2014年的7.9%增加到2018年41.9%，其次是中部地区（从4%增加到30.6%）、东部地区（从6.2%增加到29.4%）和东北地区（5.8%增加到17.8%）；从农村贫困妇女就业情况来看，尽管到2018年，各地区农村贫困妇女的就业率仍然偏低，但是与2014年相比已经有大幅度提高，其中西部地区增幅最高，从7.9%增加到42.1%，其次是中部地区（从4.1%增加到31.0%）、东部地区（从6.2%增加到29.5%）和东北地区（5.8%增加到18.1%）。

各地区农村贫困妇女的收入水平、市场参与度和就业率的提升主要依赖于各类产业扶贫政策的大力推进，我国的产业扶贫政策目标是从贫困者自身实际情况出发，结合当地资源禀赋、市场环境等因素，为贫困者量身打造的，能够帮助其获得可持续收入的发展模式，使其能够拥有一份赖以生存的事业。我国农村贫困妇女受教育程度普遍较低，在就业市场中常常处于弱势地位，在一系列产业扶贫政策的倡导下，适合贫困妇女发展的诸多扶贫模式应运而生，例如山东省打造的"大姐工坊"能够让贫困妇女实现居家创业，就业方式更加灵活，能够同时兼顾照顾家庭和劳动就业；新疆维吾尔自治区引入"示范工厂＋卫星工厂＋产业工人"的生产经营模式，引导"农村妇女"转变为"产业工人"，为贫困妇女创造了更多就业机会；贵州省的"锦绣计划"将发展民族特色手工业与妇女扶贫结合起来，在带动产业发展的同时也实现了贫困妇女增收脱贫的目标。

二、人力资本维度

从时间尺度来看，2014 年至 2018 年，各地区贫困妇女人力资本贫困程度在整体上都呈现下降趋势，其中西部地区和东北地区逐渐降低；而东部地区和中部地区农村贫困妇女人力资本贫困程度变化趋势相似，均出现了波动下降的态势，即在 2016 年达到最低值后，2018 年又有所回升，但贫困程度低于 2014 年。我国各地区贫困妇女人力资本贫困程度下降意味着两点，一是贫困妇女健康状况的改善，2014 年至 2018 年，各地区农村贫困妇女的健康自评平均得分都有所上升，其中东部地区增幅最大（9.1%），其次是西部地区（7.7%）、东北地区（5.5%）和中部地区（1.8%）；二是贫困妇女平均受教育年限的增加，2014 年至 2018 年，各地区农村贫困妇女受教育年限平均水平有不同程度的上升，上升幅度从高到低依次是东部地区（78.1%）、西部地区（60.4%）、东北地区（38.0%）和中部地区（32.2%）。

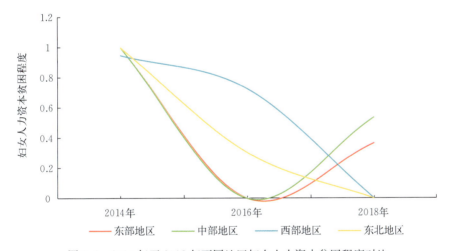

图 8.8　2014 年至 2018 年不同地区妇女人力资本贫困程度对比

分地区来看，2014 年至 2016 年，农村贫困妇女人力资本贫困程度从高到低依次为：西部地区、东北地区、东部地区和中部地区；2016 年至 2018 年，农村贫困妇女人力资本贫困程度从高到低依次为：中部地区、东部地区、西部地区和东北地区。从农村贫困妇女健康状况来看，三个年份各地区研究样本健康自评的平均结果均介于"一般"和"比较健康"之间，四个地区农村贫困妇女平均健康程度从高到低依次为：中部地区、东北地区、东部地区和西部地区；从农村贫困妇女平均受教育程度来看，三个年份各地区研究样本平均受教育程度在 4～6 年，四个地区农村贫困妇女平均受教育程度从高到低依次为：中部地区、东北地区、东部地区和西部地区。

健康扶贫和教育扶贫是精准扶贫的重要组成部分，健康扶贫政策的发力点是减轻医疗成本，如报销一定额度的贫困家庭成员就医费用，提高就医便利度，如利用东西扶贫协作、部门扶贫等契机，将发达地区的高质量医疗资源引入贫困地区，在贫困村设立医务室等，提供医疗服务，如慢性疾病"送医配药"服务、妇女"两癌"免费体检服务等，从各地区农村贫困妇女平均健康程度的变化情况来看，健康扶贫政策取得了积极成效。教育扶贫的主要目标是消除义务教育阶段学生辍学现象，同时对于不同教育阶段贫困家庭子女给予不同额度的补贴来解决"因学致贫"的现象，帮助贫困家庭子女顺利完成学业。从研究结果来看，2014 年至2018 年各地区贫困妇女平均受教育程度均有所提高，大专以上学历人群占比有不同幅度的增加，一方面说明有更多的中高学历农村女性在 2014 年至 2018 年期间完成了自己的教育周期，提高了平均受教育水平，另一方面也体现了教育扶贫、科教兴国等一系列政策对农村地区贫困妇女人力资本积累产生了较大的积极影响。

三、心理维度

从时间尺度来看，2014 年至 2018 年期间，各地区农村贫困妇女的心理贫困程度均呈现出增长态势，其中东部地区、中部地区和东北地区有较大增幅，西部地区增幅略低于其他三个地区。从不同地区对比情况来看，中部地区农村贫困妇女的心理贫困程度最高，其次是东北地区、东部地区和西部地区。在评价贫困妇女的心理贫困程度时，本书将全部研究样本"感到生活无法继续"和"感到做事困难"的平均频率作为观测变量，来衡量贫困妇女对生活的悲观程度和心理压力情况。从两个观测变量的平均水平变化来看，2014 年至 2018 年间，除西部地区（-1.9%）外，其他三个地区的贫困妇女"感到生活无法继续"的平均频率有不同程度的上升，增幅从高到低依次为中部地区（21.2%）、东部地区（15.2%）、东北地区（14.9%）；

各地区贫困妇女"感到做事困难"的平均频率均呈上升态势，增幅从高到低依次为中部地区（35.8%）、东北地区（33.3%）、东部地区（31.4%）和西部地区（18.1%）；从高悲观度、高心理压力①贫困妇女比例变化来看，东部地区高悲观度贫困妇女比例从 2014 年的 3.9% 上升到 2018 年的 5.4%，中部地区从 2.4% 增加至 4%，西部地区从 7.2% 下降到 4%；东部地区高心理压力贫困妇女比例从 2014 年的 11.9% 上升到 2018 年 21.3%，中部地区从 10.2% 上升到 17.2%，西部地区从 14.8% 上升到 20.4%，东北地区从 12.6% 上升到 18.4%。

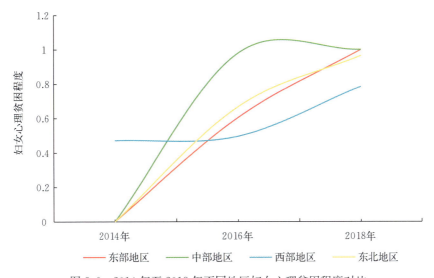

图 8.9　2014 年至 2018 年不同地区妇女心理贫困程度对比

　　结合上文不难发现，贫困妇女在经济状况有所好转的情况下，心理贫困程度呈上升趋势，本书尝试从以下两个角度来解释该现象：第一，经济贫困改善的幅度并不足以扭转贫困妇女心理贫困的态势。尽管各地区农村贫困妇女的经济贫困情况有所好转，但是仍然有半数以上贫困妇女处于未就业、无经济收入的状态，对于就业贫困妇女而言，其个人收入仍处于贫困线之下，以东部地区为例，2018 年就业贫困妇女的个人年收入均值为 1 695.1 元，比当年贫困线 2 995 元低 43.4%；第二，

---

　　① 本书对高悲观度的定义为，有一半时间以上感到生活无法继续；对高心理压力的定义为，有一半时间以上感到做事困难。

经济状况仅仅是心理状态的影响因素之一，结合房超本（2013）的研究可以发现，对于农村地区的贫困妇女而言，除了要承受经济层面的压力外，还有代际关系、家务负担、家庭劳动分工、社会环境、家庭成员和自身的健康情况、自我意识等多方面因素能够影响贫困妇女的心理状态[6]。需要说明的是，贫困妇女的心理状态是其个人福祉的重要组成部分，是生活质量的直接决定因素，因此，在制定政策时，有必要着重关注农村贫困妇女在心理维度的贫困现象，通过构建社会支持网络等手段改善贫困妇女心理状态。

四、社会权利维度

从时间尺度来看，基于本书筛选的全部研究样本，2014 年至 2016 年①我国各地区贫困妇女社会权利贫困程度整体呈上升趋势，其中中部地区上升幅度最大，其次是东部地区、东北地区和西部地区，这意味着在全国范围内，农村贫困妇女所生活的社会环境和家庭环境中，性别歧视问题在加剧。2014 年至 2016 年，中部地区因性别受到过不公正待遇的妇女比例从 2.5％上升至 6.0％，东部地区从 2.9％上升至 4.5％，东北地区从 4.2％上升至 5.1％，西部地区增幅最小，从 4.8％上升至 5.0％。2016 年，分地区来看，我国中部地区农村贫困妇女受到性别歧视的现象最严重，其次是东北地区、西部地区和东部地区。

不难发现，农村贫困妇女心理贫困程度在 2014 年至 2016 年的变化趋势与社会权利贫困程度变化趋势一致，社会权利贫困程度的增加对贫困妇女心理贫困程度的增加具有一定解释作用，同时，也反映了我国农村地区男女平等意识还需要进一步加强。性别因素引发的农村贫困妇女在社会权利维度的贫困现象背后的主导原因，是农村地区的社会意识形态受传统"男尊女卑"等男性主导的封建思想影响程度较大，在女性生命周期的各个阶段都存在着歧视女性的社会现象，如出生时期的男孩偏好等。

---

① 由于 2018 年该观测变量数据缺失，因此本处仅对 2014 年至 2016 年间的社会权利贫困程度作地区间对比分析。

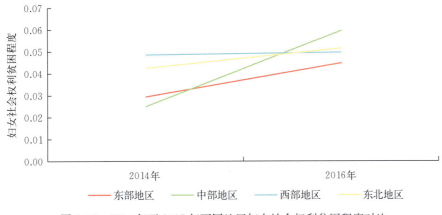

图 8.10 2014 年至 2018 年不同地区妇女社会权利贫困程度对比

第四节 我国妇女贫困的主要问题和成因

农村妇女多维贫困变化情况会受到多方面因素的合力作用，从宏观层面来看，第一，法律制度建设，我国历史文化传统因素决定了妇女容易在社会生活各个领域处于弱势地位，新中国成立以来，先后在《中华人民共和国宪法》《中华人民共和国劳动法》和《中华人民共和国婚姻法》等多部法律法规中对妇女权益保障作出了相关规定，从法律层面为妇女群体构筑起一道基本的防线；第二，经济发展水平，经济发展不但能够创造更多就业机会，同时也能够给减贫提供更多物质基础，例如通过财政、税收、社会保障等方面的制度建设对国民财富进行二次分配，将其转移给贫困者；第三，公共基础设施建设水平，公共基础设施建设是保障民生的重要内容，也是我国数十年扶贫实践的重要组成部分，提高贫困地区公共基础设施建设水平对于改善贫困妇女生活质量至关重要；第四，社会意识，长期以来，我国在社会生活的各个领域都有着以男性为主导的文化传统习俗，尽管男女平等早已成为我国的一项基本国策，但是多种显性或隐性的性别歧视现象依然广泛存在，成为困扰贫困妇女生存和发展的关键因素。

从微观层面来看，第一，受教育水平是妇女是否会陷入多维贫困的影响因素，一般而言，受教育水平越高，妇女的人力资本水平越高，经济贫困的发生概率越低，同时，提高受教育水平也能够增强妇女的自我意识，对于降低心理贫困和社会权利贫困发生率具有重要意义；第二，家庭劳动分工是妇女贫困的重要影响因素，家庭劳动分工通常是家庭成员之间基于生活实际而进行的自愿或非自愿的协商结果，如果协商过程存在非自愿的成分并且协商结果给女性带来了较重的家务负担，则可能会导致妇女家庭维度的贫困，进而给其身体健康、心理状态等带来不利影响。

综上，我国农村贫困妇女的多维贫困现状是多种影响因素合力作用的结果，随着 2020 年脱贫攻坚战步入尾声，我国农村贫困妇女的绝对贫困现象得以消除，进入"后扶贫时代"，我国农村妇女面临的更多是相对贫困和多维贫困问题，同时，由于各地区在经济发展、基础设施建设、文化传统等方面有所不同，导致了不同地区农村贫困妇女的多维贫困变化趋势存在差异。基于上文对全国范围、东部地区、中部地区、西部地区和东北地区的农村贫困妇女多维贫困研究结果，本书认为，"后扶贫时代"，我国农村妇女多维贫困现象主要存在以下三个问题：

第一，农村贫困女性的就业率仍有待提高，性别红利未得到完全释放。尽管就业扶贫、电商扶贫、"巾帼脱贫行动"等一系列扶贫举措的实施为推动农村贫困妇女参与就业提供了契机，2014 年至 2018 年农村贫困妇女的经济贫困程度也迅速降低，然而，当前我国农村贫困妇女的就业比例仍然比较低，截至 2018 年，基于样本数据计算的全国农村贫困妇女就业比例也只有 33.4％，仍有半数以上贫困妇女处于无经济收入的未就业状态。根据样本数据分析结果，农村贫困妇女未就业的主要原因有三方面：一是农村地区人口老龄化导致的老年妇女占比较高，这类人群由于缺乏劳动能力而无法就业（占样本总量的 22.3％）；二是"全面二孩"政策导致越来越多女性选择回归家庭从事照顾子女等各类家务（占样本总量的 28.6％），加之我国农村地区缺乏社会化育儿服务机构，同时"男主外、女主内"的观念仍然对家庭劳动分工具有较大影响；三是因疾病、残疾缺乏劳动能力而无法就业（占样本总量的 10.8％）。

第二，农村就业贫困妇女的收入水平仍然较低。尽管自 2014 年至 2018 年，农村就业的贫困妇女人均收入从 1 455.0 元/人增加到 1 598.6 元/人，但是跟当年贫困线相比，仍然有较大差距，2018 年农村已就业的贫困妇女人均收入比当年贫困线低 46.6％。农村贫困妇女就业途径主要有家庭经营、受雇于当地或邻近地区的个体经营户、农业合作社、农业企业、其他农户等，农村地区经济发展相对滞后，就业机会较为缺乏，劳动力市场发展不够完善，雇佣者愿意为被雇佣者支付的工资较低，且被雇佣的女性群体以体力劳动为主，经济附加值相对较低，以上种种因素导致了农村就业贫困妇女的收入水平较低。

第三，尽管精准扶贫体系下的一系列帮扶措施能够为农村妇女赋能，但是我国农村地区的妇女赋权力度仍需进一步加大，同时亟须关注农村地区贫困妇女面临的性别歧视现象。另外，由于目前对农村贫困妇女心理贫困的干预措施相对缺乏，多方面因素导致了农村贫困妇女心理贫困程度整体呈现上升趋势。农村贫困妇女类型较多，包括农村留守妇女、老年妇女、残疾或患病妇女等，她们面临着较大的生存压力和心理压力，以农村留守妇女为例，李姗（2017）在研究我国中部某贫困县留守妇女心理压力时发现，她们普遍具有人际关系淡薄、缺乏安全感和精神压抑的特点，究其原因，主要是生活压力繁重、夫妻双方存在沟通障碍、代际关系不和谐以及社会支持网络不健全，同时乡村社会环境中以及家庭内部的性别歧视现象也是导致贫困妇女心理贫困程度走高的重要原因之一[4]。

第五节　本章小结

本章利用北京大学社会调查中心发布的 2014 年、2016 年和 2018 年 CFPS 数据，构建了包括收入水平、市场参与度、健康状况、受教育年限、"感到生活无法继续"的频率、"感到做事困难"的频率和"因性别受到过不公正对待的妇女比例" 7 个指标在内的妇女多维贫困指标体系，用以评价全国及各地区妇女扶贫效果，包括对全国不同地区的农村贫困妇女在经济维度、人力资本维度、心理维度和社会权利维度扶贫效果的评价，并对地区间贫困妇女的多维贫困程度进行了对比分析。

分析结果表明，2014 年至 2018 年，精准扶贫政策群的实施使各地区农村贫困妇女多维贫困整体呈下降趋势，其中经济贫困程度和人力资本贫困程度大幅度下降，但是心理贫困程度和社会权利贫困程度整体呈现上升趋势。分地区来看，中部地区和东北地区农村贫困妇女的经济贫困程度降幅最大，其次是东部地区和西部地区；东北地区农村贫困妇女的人力资本贫困程度降幅最大，其次是西部地区、东部地区和中部地区；中部地区农村贫困妇女的心理贫困程度增幅最大，其次是东北地区、东部地区和西部地区；中部地区农村贫困妇女的社会权利贫困程度增幅最大，其次是东部地区、东北地区和西部地区。

通过分析妇女多维贫困状况在不同时期的具体特点，本书认为，多维视角下我国妇女的相对贫困主要存在以下三个问题：第一，农村贫困妇女的就业比例有待提高，社会化育儿机构的缺乏使农村贫困妇女大多投身于儿童照料等家庭事务，而难以参与到就业市场当中；第二，农村贫困妇女的收入水平仍然较低，仍然需要持续的、有针对性的政策安排，以促进广大农村贫困妇女有效参与到市场活动当中；第三，亟须关注农村贫困妇女的心理贫困程度和社会权利贫困程度上升的问题。

参考文献

[1] 朱方明，李敬. 中心市场偏离度、交易参与度与贫困程度 [J]. 四川大学学报（哲学社会科学版），2020 (1)：43 - 54.

[2] 崔明明，聂常虹. 基于指标评价体系的我国粮食安全演变研究 [J]. 中国科学院院刊，2019 (8)：910 - 919.

[3] 谢宇，张晓波，涂平，等. 中国家庭追踪调查用户手册 [R]. 北京大学中国社会科学调查中心，2017.

[4] 李姗. 贫困农村留守妇女心理压力研究及社会工作介入——以河北省保定市 W 村为例 [J]. 各界，2017 (14)：142 - 143.

[5] 苏群，李潇，常雪. 家庭劳动、家庭结构与农村已婚女性劳动参与——基于 CHNS 的面板数据分析 [J]. 农林经济管理学报，2020，19 (2)：227 - 234.

[6] 房超本. 贫困地区留守妇女心理压力与社会支持研究——以贵州绥阳县 Y 村为例 [J]. 企业导报，2013，(20)：176 - 178.

第九章 "后扶贫时代"妇女减贫政策体系的前瞻性设计

2020 年是全国贫困地区从脱贫走向振兴的关键节点,随着我国贫困人口不断减少,脱贫攻坚逐渐接近尾声,贫困治理的目标已经逐渐转变为"推动未脱贫人口稳定脱贫"和"保障已脱贫人口不返贫",贫困治理的政策安排重点也转变为"使精准脱贫政策与乡村振兴有效衔接"和"建立相对贫困治理的长效机制"。随着经济社会的不断发展,从绝对水平来看,个人经济收入的不断增长是必然趋势,从相对标准来看,低收入人群会长期存在,即相对贫困会长期存在。"后扶贫时代",我国减贫政策的关注点从绝对贫困转向相对贫困,从解决妇女经济方面的绝对贫困,向解决教育、医疗、社会权利、家庭等维度的相对贫困拓展,因此完全消除妇女多维视角下的相对贫困现象仍需构建系统性的政策体系。

2020 年我国绝对贫困现象全部消除是党和国家对我国人民作出的庄严承诺,其基本涵义是自 2020 年以后,我国农村地区全部人口的生活标准都高于当前贫困标准,即年人均纯收入在贫困线(按照 2010 年不变价计算,人均可支配收入 2 300 元/年)之上,"两不愁,三保障"问题(不愁吃、不愁穿,义务教育、基本医疗和住房有保障)问题得到有效解决。其中义务教育、基本医疗和住房保障具有极高的稳定性,义务教育和基本医疗属于社会公共服务的范畴,而在无重大自然灾害的情况下,住房安全可以得到有效保障;"吃穿不愁"的决定性因素是家庭或者个人的收入水平,当某个家庭或个体受到来自家庭、社会方面风险事件(家庭成员重病、失业、自然灾害、市场风险等)冲击时,个人可支配收入极有可能下降到贫困线之下,进而出现返贫现象。因此,贫困治理长效机制的重要组成部分之一是建立针对返贫不确定性的长效保障机制。

基于此背景,根据党的十九大会议精神、乡村振兴战略以及党和国家对我国经济和社会发展的最新战略部署，参考妇女贫困现状及有关文献资料，对"后扶贫时代"的减贫实践进行阶段划分，提出各阶段目标，并对我国妇女减贫政策进行前瞻性设计。

第一节 "后扶贫时代" 中国妇女减贫实践阶段划分及阶段目标

参照《乡村振兴战略规划（2018—2022 年）》远景规划的时间节点设置，将未来妇女减贫实践初步划分为 2020 年至 2035 年、2036 年至 2050 年两个阶段，提出两阶段内中国妇女减贫实践的阶段目标。

一、2020 年至 2035 年：完成长效妇女减贫机制设计，逐步建成多层次目标、多维度内容、多主体参与的社会安全网

以乡村振兴战略以及党和国家对我国经济高质量发展的重大战略部署为契机，以降低乡村妇女多维视角下的相对贫困程度为目标，以促进乡村妇女赋权和性别平等为抓手，将多维视角下的相对贫困治理纳入社会安全网建设，到 2035 年，在我国农村地区建成政策目标调整具有弹性、政策覆盖群体体现包容性、政策内容具有系统性的社会安全网。基于社会安全网应发挥的贫困治理功能和社会保障功能，其设计应至少具有以下特点：

第一，设计多层次社会安全网标准，以覆盖因不同原因导致的、生活缺乏不同程度保障的妇女群体，同时建成多层次社会安全网标准的正常调整机制，使之与国民生活水平相适应，让政策设计赋予社会安全网充分的弹性和包容性。

第二，注重利用协调性强的组合政策工具，结合相关理论和学术研究成果，根据资助对象情况不同，采取资助与激励并重的差异化帮扶措施，帮扶内容覆盖教育、医疗、就业、男女平权等社会生活的诸多方面，以期同时达到赋权与增能的目标。

第三，建立政府机构、非政府组织和受援助群体等多主体参与的良性互动帮扶机制，明确不同主体职能边界，减少重复性帮扶措施，注重撬动社会资源和人力资本，降低政策成本。

第四，完善社会安全网有关数据库建设工作并形成长效机制，同时建成政策评

估的长效机制，让科学评估结果更好地服务于政策的设计与完善，形成政策制定与政策评估的良性循环。

二、2036 年至 2050 年：乡村妇女获得全面发展，性别平等基本实现

在乡村振兴战略取得已有成就的基础上和社会安全网效能充分发挥的前提下，提出 2035 年至 2050 年多维视角下的妇女减贫实践的阶段性目标如下：

第一，到 2050 年，妇女在乡村经济建设中的主体地位不断增强，智慧才能得到充分挖掘，女性在就业过程中面临的各种显性和隐形性别歧视基本消除，乡村经济领域基本实现性别平等。

第二，到 2050 年，乡村妇女人力资本水平达到发达国家妇女人力资本平均水平，受教育程度在 2035 年的基础上继续大幅度提升，绝大多数乡村妇女拥有大专以上学历，近半数农村妇女拥有本科以上学历，乡村妇女慢性病发生率进一步降低，医疗保障水平达到发达国家平均水平。

第三，到 2050 年，性别平等、男女平权内化为乡村社会行为规范，社会各领域、各主体在任何情况下针对妇女的显性和隐性歧视基本消除，乡村社会各领域普遍形成男女获得同等尊重、男女权益得到同样保障、男女性别的客观差异得到科学认识和充分尊重的良好氛围，基本实现性别平等。

第四，到 2050 年，家庭层面基本实现男女平权，男女在家庭生活的各个方面得到同等程度尊重，具有相同的主体性地位，男童和女童获得同等成长条件。

第五，到 2050 年，乡村妇女普遍拥有较强的自我意识，心理能力和心理状态大幅度提升，对乡村社会经济发展的贡献不断增加，能够在个人发展、家庭生活、经济参与、社会决策中普遍拥有安全感、幸福感和获得感。

第二节　"后扶贫时代" 中国妇女减贫分阶段政策取向与实施建议

根据党的十九大精神、乡村振兴战略以及对中国社会经济发展作出的最新战略部署，结合全国妇联对妇女事业发展的已有规划，参考关于妇女贫困研究的最新学术成果和前文对农村贫困妇女多维贫困现状的评估结果，对"后扶贫时代"多维视角下的妇女减贫政策体系进行如下设计：

一、密织社会安全网，建立多维视角下的乡村相对贫困治理长效机制

建议各有关部门共同建立互联互通的普适性的中国社会安全网，作为未来的替补扶贫政策，对于未来农村地区人口可能因各种原因出现经济收入中断、基本生活无法得到有效保障的现象，设置不同期限、不同资助方式和额度的、具有弹性的帮扶政策：第一，通过广泛的调查研究，设定社会安全网的最低资助标准，在建设社会安全网时，应通过广泛的调研，全面考虑到群众因各种原因生活落于社会安全网之下的情形；第二，设立专门的居民生活评估机构辅助保障对象的纳入和退出工作，设立专门的服务机构同时与群众和各有关部门对接；第三，在设定政策中的各类阈值时，在条件允许的情况下应运用随机对照试验等方法开展科学研究，并在一定程度上参考前沿学术成果，同时应考虑到"福利依赖"、个体的"有限理性"等影响因素；第四，在经济发展的不同阶段，按照当时我国居民生活基本标准对资助方式和额度进行适当调整。

二、以乡村振兴战略为契机，为农村女性创造更包容的经济机会

乡村振兴战略的实施期与我国经济进入高质量发展阶段和推动新基建建设叠加，该时期是我国农村地区的重大战略机遇期。2018年中共中央、国务院印发《乡村振兴战略规划（2018—2022年）》指出，到2035年，乡村振兴取得决定性进展，农业农村现代化基本实现。农业结构得到根本性改善，农民就业质量显著提高，相对贫困进一步缓解，共同富裕迈出坚实步伐；城乡基本公共服务均等化基本实现，城乡融合发展体制机制更加完善；乡风文明达到新高度，乡村治理体系更加完善；农村生态环境根本好转，生态宜居的美丽乡村基本实现。到2050年，乡村全面振兴，农业强、农村美、农民富全面实现[1]。乡村的全面振兴意味着乡村地区各行各业的繁荣运行，也意味着农村人口对美好生活的向往基本得以实现，在此期间，需要广大农村人口积极投入到乡村各行各业的建设发展当中，进而助推用工需求上升。本书认为，应运用财政、金融、工商、税收、民政等方面的政策手段，为妇女群体特别是经济收入在贫困线1～1.5倍的妇女群体，营造更加包容的发展环境，创造更加包容的经济机会，打破对妇女群体的刻板印象，让农村妇女群体能够拥有对于乡村发展、自身发展的发言权，运用自身的智慧和才能，通过自身努力改

善生活水平，并为地区发展做出应有贡献。

三、增加育儿类、养老类服务供给，提高农村女性市场参与度

通过第六章研究发现，目前贫困妇女的就业比例还比较低，截至 2018 年，全国贫困妇女的就业率只有 33.4％，尽管在产业扶贫政策帮扶下，就业率较 2014 年和 2016 年已经有了大幅度提高，但整体水平还比较低；在未就业的贫困妇女中，有 28.6％的人未就业原因是照料家庭，如生育、照顾小孩、做家务等，同时在全部乡村妇女样本①中，因同样原因未就业的妇女比例是 28.4％，也就是说有近三分之一的妇女群体就业潜力有待释放。基于此现象，本书认为，应以乡村振兴战略为契机，结合各地区农村实际情况，增加农村地区育儿类、养老类服务供给，一方面，能够在一定程度上解决农村妇女因家庭照料而无法就业的问题；另一方面，此类服务供给的增加能够带动就业岗位的增加。增加育儿类、养老类服务供给至少需要解决以下几个问题：第一，服务机构建设和运营的融资渠道和融资方式；第二，服务机构的运营方式（应该采取私营还是国有）；第三，管理此类服务机构，由于老人和儿童都是弱势群体，需要制定管理模式和制度以防范道德风险，防止忽略对老人和儿童的看护等不负责任事件以及虐待老人儿童等恶性事件的发生；第四，在服务机构建设初期，采取科学的模式，实现解决家庭照料难题和妇女就业问题的双赢。

四、推动学术成果与贫困治理实践相结合，提升农村女性人力资本

贫困是发展经济学领域的核心问题，多年来，在该领域涌现出大量学术成果，2019 年，Abhijit Banerjee、Esther Duflo 和 Michael Kreme 三位经济学家因在贫困研究领域的卓越贡献获得诺贝尔经济科学奖，三位经济学家在过去数年的研究工作中，运用大规模随机对照试验寻找可行的、经济效益较高的减贫手段，他们的做法能够为我国扶贫实践带来诸多启示。本书认为，应该将此类学术成果运用到贫困治理实践当中，同时将学术研究与政策执行相结合，以政策评估的视角来推动贫困治理的进行，简言之，就是在扶贫实践开始之时就设计好随机对照试验，以便观测何

---

① 数据来源于 2018 年 CFPS 个体调查数据。

种扶贫手段能够更有效地减轻贫困，同时寻找经济效益较高的扶贫方式，节省政策成本，同时也能够为未来政策制定提供更好的参考。

基于上述考量，本书提出如下政策建议：第一，系统梳理国内外学者关于减贫的学术成果，将其中与我国国情相适应的成果筛选出来，用于政策制定和社会治理；第二，以 Duflo 及其合作者的一项研究为例，该研究开始于 2003 年，研究者们与印度农村的一家非政府组织合作，随机选择 80 所（实验组 41 所，对照组 39 所）学校进行实验，实验组学校的教师会因每天出勤而收到额外的补助，对照组不采取任何干预措施。研究结果表明，与对照组相比，实验组教师的缺勤率下降21%，学生的学习成绩提高了 0.17 个标准差[2]。该研究说明了给教师补贴对于增加教师出勤率和提高学生成绩的重要性。众所周知，学生的学习成绩是其最终受教育年限的决定因素之一，当其他因素固定时，一个学生的受教育水平越高，其在就业市场中越有竞争力，越有可能获得高收入的工作机会，基于此，本书建议有关部门在制定相关政策时参考此类研究成果，以便让政策制定更好地服务于农村地区妇女人力资本的积累。

五、强化培训力度，弥合"数字鸿沟"，建设包容性数字乡村

数字技术的快速发展给我国社会各个领域带来深度变革，同时也改变了民众的生活方式和工作方式，提高了日常工作和生活的便利性。然而，数字技术在不同地域之间和不同群体之间存在着渗透不均衡的现象，欠发达地区和高年龄、低技能群体大多被排除在数字红利之外，我国贫困妇女受教育程度普遍较低，在本书筛选的研究样本中，文盲/半文盲妇女比例为 32.1%，小学毕业的妇女比例为 25.7%，初中毕业的妇女比例为 28.1%；这意味着她们可能难以迅速适应数字技术给生活带来的变化，如当前遍及大中小购物场所的移动支付、为疫情防控而设计的"健康码"、各类手机 APP 等。因此，本书建议，强化对农村地区妇女的数字培训，一方面，能够帮助其适应快速变化的数字化社会，防止"数字鸿沟"的产生；另一方面，也可以帮助其增长技能，抓住数字化带来的各类机遇，例如，熟练掌握相关平台的操作流程能够帮助其加入电商和微商大军，通过创业的方式增加经济收入。强化对农村地区妇女群体乃至所有可能对难以适应社会数字化变革的人群的培训力度，对于弥合"数字鸿沟"、创建包容性数字乡村具有重要的意义。

六、将性别平等内化为乡村社会行为规范，营造男女平权的良好氛围

尽管男女平等是我国的基本国策，多部法律法规明确规定要保障妇女权益；然而，在社会生活和家庭生活中，性别不平等现象还广泛存在。本书建议，继续大力倡导性别平等观念，在农村社会中营造男女平权的良好氛围并将其内化为乡村社会行为规范；倡导政府各部门在决策过程中强化社会性别意识，继续推动农村地区"智志双扶"和"移风易俗"，在社会意识和文化层面推动乡村社会性别平等，减少妇女群体在乡村社会生活的各个方面处于弱势地位的现象[3]。

参考文献

[1] 中共中央 国务院印发《乡村振兴战略规划（2018—2022 年)》[EB/OL]. [2020 - 08 - 05]. http://www.moa.gov.cn/ztzl/xczx/xczxzlgh/201811/t20181129 _ 6163953.htm.

[2] 聂常虹，陈彤. 贫困与反贫困：2019 年度诺贝尔经济科学奖获奖工作评述 [J]. 管理评论，2019，31 (10)：3 - 9.

[3] 聂常虹，陈彤，王焕刚，等. 新时代我国妇女脱贫问题研究 [J]. 中国科学院院刊，2020，35 (10)：1282 - 1289.

图书在版编目（CIP）数据

妇女扶贫问题研究／聂常虹等著．—北京：中国
农业出版社，2020.12
ISBN 978-7-109-27434-1

Ⅰ.①妇⋯　Ⅱ.①聂⋯　Ⅲ.①妇女－扶贫－研究－中
国　Ⅳ.①F126

中国版本图书馆 CIP 数据核字（2020）第 209576 号

妇女扶贫问题研究
FUNÜ FUPIN WENTI YANJIU

中国农业出版社出版
地址：北京市朝阳区麦子店街 18 号楼
邮编：100125
责任编辑：王金环　杜　婧
版式设计：王　晨　　责任校对：刘丽香
印刷：北京通州皇家印刷厂
版次：2020 年 12 月第 1 版
印次：2020 年 12 月北京第 1 次印刷
发行：新华书店北京发行所
开本：700mm×1000mm　1/16
印张：11.75
字数：240 千字
定价：88.00 元